Color & Learn

ENDANGERED ANIMALS
of NORTH AMERICA

Animales en Peligro de Extinción de América del Norte

Educational Coloring Book

Bilingual - English & Spanish

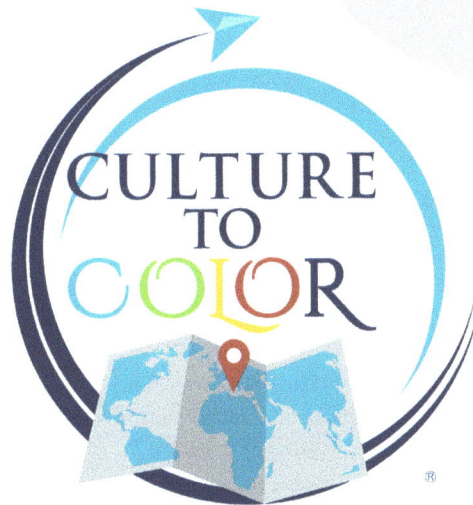

Bibi LeBlanc

By best-selling author and winner of the FAPA Presidents Book Award
and a finalist in the Eric Hoffer International Book Award for her book
Explore the Sights of Berlin Divided – Berlin United/Berlin Geteilt – Berlin Vereint.

Cover Design & Interior by
SandraRabornArt.com and NicoleNeese.com

ISBN: 9798732788655

To order in bulk contact publisher,
CultureToColor.com

For more information visit:

www.CultureToColor.com

Culture to Color, LLC
cs@culturetocolor.com
USA: 386-228-5147
Germany: 030-22 18 17 63

TABLE OF CONTENTS

Welcome to Endangered Animals of North America

I have created this coloring book to inspire you to learn more about animals, the reasons some are endangered, and actions we can take to make a difference. One day, you will be able to vote on laws that impact the environment, and I encourage you to learn about these issues so you can make informed choices.

Our planet is a green paradise full of life. In the past 50 years, human impact has led to the loss of two-thirds of the world's wildlife population. Today, nearly one-third of species are threatened with extinction.

Why is this information important? Each animal and plant plays an essential role in life on Earth, just like all the pieces of a puzzle are needed to make it complete.

What does endangered mean? An endangered animal is one at risk of becoming extinct. There are thousands of endangered animal species in the world and many reasons they become endangered:

> **Climate change:** Rising temperatures change living conditions. For example, melting Arctic glaciers affect polar bears who need the Arctic ice to survive.
>
> **Loss of habitat**: Human activities, such as mining, agriculture, and urbanization, reduce the animals' living space.
>
> **Deforestation:** When trees are cut for lumber or to access other resources, animals lose their forest homes.
>
> **Overhunting:** When animals are overhunted, there isn't enough time to replenish their populations. In the 19th century, the bison almost disappeared as a result of overhunting.
>
> **Poaching:** Illegal hunting of animals, such as elephants for their ivory tusks, reduces their numbers.

Why should we care about endangered species? Once a species is gone, it is gone forever. Losing even a single species can have a disastrous impact on an ecosystem and, ultimately, life on Earth.

What is being done to protect endangered animals? The U.S. passed the Endangered Species Act (ESA) in 1973. This law's primary goal is to increase a species' population enough so it can be delisted. Under the Endangered Species Act, the U.S. Fish & Wildlife Service (FWS) oversees all land animals, plants, and freshwater fish, while the National Oceanic and Atmospheric Administration (NOAA) manages oceanic fish and wildlife.

The *International Union for Conservation of Nature* (IUCN) oversees conservation efforts carried out worldwide. The IUCN keeps a record of species at risk, called the Red List, which places animals in these categories:

Least Concern: no immediate threat. *Example: American alligator*

Near Threatened: Species that are close to becoming threatened or may meet the criteria for threatened status in the near future. *Example: American bison*

Vulnerable: faces a high risk of extinction. *Example: Atlantic puffin*

Endangered: faces a very high risk of extinction in the near future. *Example: blue whale*

Critically endangered: Faces an extremely high risk of extinction in the immediate future. *Example: ivory-billed woodpecker*

Extinct in the wild: Animals in captivity survive, but there is no free-living, natural population. *Example: Hawaiian crow*

Extinct: The last remaining member of the species has died or is presumed to have died. *Example: passenger pigeon*

Are there success stories? Yes, there are! In the 1960s, a mere 500 bald eagles could be found soaring across America's lower 48 states. Dangerous pesticides and chemicals released into bald eagle habitats thinned their eggs' shells, preventing successful hatching. Thanks to the Endangered Species Act's captive breeding programs, habitat protection, and a ban on DDT (a chemical used to kill insects), numbers have rebounded to more than 7,000 breeding pairs. American citizens, businesses, scientists, and the U.S. government came together to protect bald eagles.

Excessive hunting, and habitat fragmentation and loss to human uses caused the grizzly bear population to drop to a mere 2% of its former number. Since the grizzly bear was listed under the Endangered Species Act in 1975, the coordinated efforts of government agencies, conservation organizations, and private citizens have increased this population from 250 to more than 600 bears in the lower 48 states.

Can children make a difference? Yes! Here is one organization started by children: Two 9-year-old girls founded Kids Saving the Rainforest in 1999. KSTR invites participation by schools, children's organizations, and individuals worldwide so they can learn about the rainforest's ecological importance and set up programs to preserve and protect the rainforest and its wildlife. KSTR also encourages sound environmental practices in homes, schools, and communities.

Like these girls, you can make a difference. Find an issue you care about. Identify a problem that needs solving. Become a member of an organization that works for the environment. Help protect an endangered animal. Use your imagination and creativity to discover your specific environmental mission.

Immerse yourself in the awe-inspiring beauty of the natural world!

Bibi

P.S. Do you have a favorite animal? Would you like to share your ideas and your art? I would love to hear from you! You can reach me at bibi@culturetocolor.com

Te doy la Bienvenida a Animales Amenazados de Norteamérica

He creado este libro para colorear con el fin de inspirarte a aprender más sobre los animales, las razones por las que algunos están amenazados y las acciones que puedes tomar para hacer una diferencia. Un día podrás votar por leyes que tengan un impacto sobre el ambiente, por ahora, te animo a que aprendas sobre estos temas y puedas tomar decisiones informadas.

Nuestro planeta es un paraíso verde y lleno de vida. Sin embargo, en los últimos 50 años, el impacto de los humanos ha llevado a la pérdida de dos tercios de la población de vida salvaje en todo el mundo. Hoy en día, casi un tercio de las especies están en amenaza de extinción.

¿Por qué es importante esta información? Todos los animales y plantas tienen un papel esencial en la vida de la Tierra. Es lo mismo que armar un rompecabezas: se necesitan todas las piezas para completarlo.

¿Qué significa un animal amenazado? Un animal que está amenazado es aquel que está en riesgo de extinción. Existen miles de especies animales en esta situación en el mundo, y son muchas las razones de esto:

Cambio climático: El aumento de la temperatura cambia las condiciones de vida. Por ejemplo, los glaciares que se derriten en el Ártico afectan a los osos polares que necesitan del hielo de esta región para sobrevivir.

Pérdida del hábitat: Las actividades humanas, como la minería, la agricultura y la urbanización, reducen el espacio que habitan los animales.

Deforestación: Cuando se talan árboles para obtener madera o para acceder a otros recursos, los animales pierden sus hogares en los bosques.

Caza Excesiva: Cuando los animales son cazados de forma excesiva, no hay suficiente tiempo para recuperar sus poblaciones. En el siglo XIX, el bisonte casi desapareció como resultado de la caza excesiva.

Caza furtiva: La caza ilegal de animales, como la de elefantes por sus colmillos de marfil, reduce sus números.

¿Por qué nos debemos preocupar por las especies amenazadas? Cuando una especie desaparece, es para siempre. Perder incluso una sola especie puede tener un impacto desastroso sobre el ecosistema y, a la larga, sobre la vida en la Tierra.

¿Qué se está haciendo para proteger a los animales que están amenazados? Estados Unidos aprobó en 1973 la Ley de Especies en Peligro de Extinción (ESA, por sus siglas en inglés). El objetivo principal de esta ley es incrementar la población de una especie lo suficiente como para que pueda ser excluida de la lista de riesgo. Bajo la Ley de Especies en Peligro de Extinción, el Servicio de Pesca y Fauna Silvestre de los Estados Unidos (FWS) supervisa todos los animales y plantas terrestres, así como los peces de agua dulce, mientras que la Oficina Nacional de Administración Oceánica y Atmosférica (NOAA) gestiona lo concerniente a la fauna y vida salvaje en el océano.

La Unión Internacional para la Conservación de la Naturaleza (IUCN) supervisa los esfuerzos conservacionistas que se llevan a cabo en todo el mundo. La IUCN mantiene un registro de las especies en riesgo llamado la Lista Roja, que clasifica a los animales en estas categorías:

Preocupación Menor: No representa una amenaza inmediata. *Ejemplo: aligátor americano.*

Casi Amenazada: Especies que están cerca de considerarse amenazadas o pudieran cumplir con los criterios de un estatus amenazado en el futuro cercano. *Ejemplo: bisonte americano.*

Vulnerable: Enfrenta un riesgo de extinción alto. *Ejemplo: frailecillo atlántico.*

En Peligro: Enfrenta un riesgo de extinción alto en el futuro cercano. *Ejemplo: ballena azul.*

En Peligro Crítico: Enfrenta un riesgo de extinción extremadamente alto en el futuro inmediato. *Ejemplo: carpintero real.*

Extinto en Estado Silvestre: Sobreviven animales en cautiverio, pero no se conoce población natural viviendo en el medio silvestre. *Ejemplo: cuervo hawaiano.*

Extinto: El último miembro de la especie ha muerto o se presume que ha muerto. *Ejemplo: paloma pasajera.*

¿Hay historias exitosas? ¡Sí, las hay! En la década de 1960, apenas se podían contar unas 500 águilas calvas volando por los 48 estados contiguos (esta clasificación excluye a Alaska, Hawái y otros territorios insulares) de Estados Unidos. Los peligrosos pesticidas y químicos que se esparcían por los hábitats de estas águilas adelgazaban la cáscara de sus huevos, evitando que la incubación fuera exitosa. Gracias a los programas de reproducción en cautiverio de la Ley de Especies en Peligro de Extinción, la protección del hábitat y una prohibición del uso de DDT (un químico usado para matar insectos), las cifras se han recuperado a más de 7,000 parejas reproductoras. Los ciudadanos estadounidenses, las empresas, los científicos y el gobierno de Estados Unidos se unieron para proteger a las águilas calvas.

La caza excesiva y la fragmentación y pérdida de su hábitat por la acción humana ocasionó que la población del oso grizzly cayera a apenas dos por ciento del número que existía en el pasado. Desde que el oso grizzly fue incluido en la lista bajo la Ley de Especies en Peligro de Extinción en 1975, los esfuerzos coordinados de las agencias gubernamentales, organizaciones de conservación y ciudadanos en general, han incrementado esta población de 250 a más de 600 osos en los 48 estados contiguos de Estados Unidos.

¿Pueden los niños hacer una diferencia? ¡Sí! Se tiene un ejemplo de una organización creada por niños: Kids Saving the Rainforest (Niños Rescatando la Selva Tropical), que fue fundada en 1999 por dos niñas de 9 años de edad. La organización (KSTR, en inglés) invita a escuelas, organizaciones de niños e individuos de todo el mundo a participar y aprender más sobre la importancia ecológica de la selva tropical y establecer programas para la preservación y protección de la vida silvestre presente. KSTR invita a la participación con prácticas ecológicas concretas en hogares, escuelas y comunidades.

Al igual que estas niñas, tú puedes marcar una diferencia. Encuentra un tema que te importe. Identifica un problema que necesite una solución. Hazte miembro de una organización que trabaje por el medio ambiente. Ayuda a proteger a un animal en peligro. Usa tu imaginación y creatividad para descubrir tu misión ambiental específica.

¡Sumérgete en la impresionante e inspiradora belleza del mundo natural!

Bibi

P.D.: ¿Tienes un animal favorito? ¿Te gustaría compartir tus ideas y tu arte? ¡Me encantaría escuchar de ti! Puedes contactarme a través de bibi@culturetocolor.com

North America

North America is one of two continents of the Americas and the third-largest of seven continents. It is named after the Italian explorer Amerigo Vespucci.

There are 23 countries with about 565 million people who speak 100 languages within the North American continent.

North America has an abundance of natural resources, including a wealth of minerals, vast forests, immense quantities of fresh water, and some of the world's most fertile soils.

The continent's diverse ecological systems are home to countless species of animals, including 300 amphibians, 450 mammals, 650 reptiles, 900 birds, 1,000 fish, and more than 150,000 invertebrates.

Norteamérica

Norteamérica es uno de los dos continentes que conforman América, y es el tercero más grande de los siete continentes. Fue nombrado así por el explorador italiano Américo Vespucio.

En el continente norteamericano se encuentran 23 países donde habitan unas 565 millones de personas que hablan 100 idiomas diferentes.

Los recursos naturales son abundantes en Norteamérica, incluyendo numerosos minerales, grandes masas boscosas, disponibilidad de agua dulce y algunos de los suelos más fértiles del mundo.

Los diversos sistemas ecológicos del continente albergan innumerables especies de animales, incluyendo 300 anfibios, 450 mamíferos, 650 reptiles, 900 aves, 1,000 peces y más de 150,000 invertebrados.

ALASKA
(U.S.A.)

GREENLAND
(DENMARK)

CANADA

UNITED STATES OF AMERICA

MEXICO

WEST INDIES

CUBA

DOMINICAN REP

HAITI

JAMAICA

BELIZE
HONDURAS

GUATEMALA

NICARAGUA
PANAMA

WEST
INDIES

COSTA RICA

North America | Norteamérica

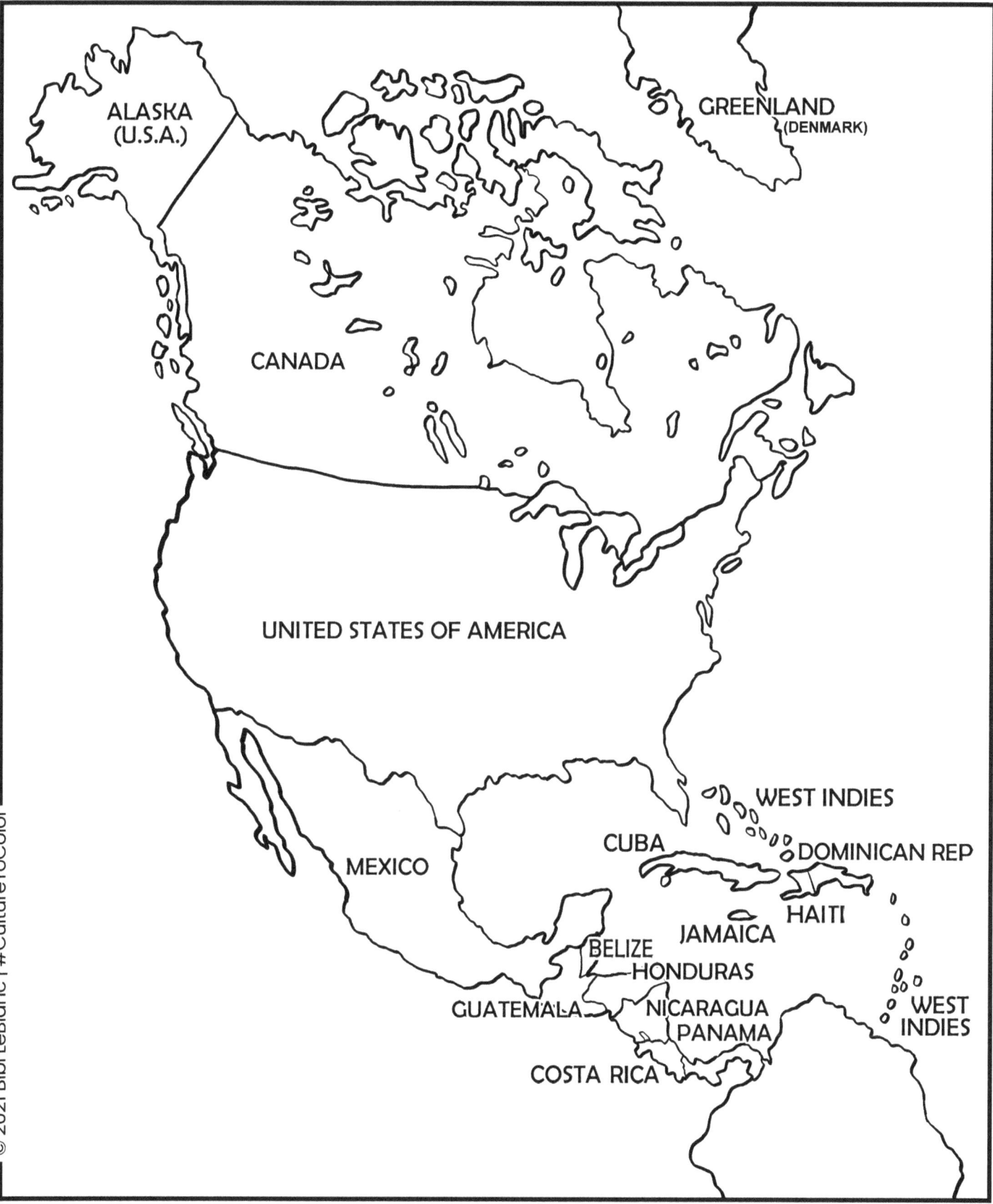

Kemp's Ridley Sea Turtle

Found primarily in the Gulf of Mexico, the Kemp's ridley sea turtle is the world's smallest and most critically endangered marine turtle. On average, the adult weighs 100 pounds (45 kg) with a carapace (top shell) measuring 24 - 28 inches (60 - 70 cm) in length. It has a life span of around 50 years.

It prefers shallow waters, where it feeds on crabs, a favorite food, and other shellfish. It also eats jellyfish and occasionally munches on seaweed.

A female Kemp's Ridley turtle often travels hundreds of miles to its nesting beach, usually the same beach where it hatched. Hundreds of turtles come ashore all at once for synchronized nesting, referred to as "arribadas" (meaning "arrivals" in Spanish). It nests every 1 - 3 years and may lay several clutches of eggs each season. Unlike other sea turtles, a female Kemp's Ridley turtle nests in the daylight.

A sea turtle's streamlined shell and large paddle-shaped flippers make it an agile and graceful swimmer. However, in contrast to land turtles, a sea turtle can't retract its head and flippers into its shell for protection.

Tortuga lora

La tortuga lora, que se encuentra principalmente en el Golfo de México, es la tortuga marina más pequeña y más críticamente amenazada del mundo. En promedio, un individuo adulto pesa 45 kilos, con un caparazón que mide entre 60 y 70 cm de largo. Tiene un promedio de vida de unos 50 años.

Prefiere las aguas poco profundas, donde se alimenta de cangrejos, su comida favorita, y otros crustáceos. También come medusas y ocasionalmente algas marinas.

Una tortuga lora hembra a menudo viaja cientos de kilómetros hasta la playa donde anidará, usualmente la misma playa donde esta salió del cascarón. Cientos de tortugas llegan a la costa al mismo tiempo para una anidación sincronizada también conocida como "arribada". Anida cada 1 - 3 años y puede tener varias puestas de huevos en cada estación. A diferencia de otras tortugas marinas, la tortuga lora anida a la luz del día.

El estilizado caparazón y las grandes aletas con forma de remo hacen que sea una nadadora ágil y a la vez elegante. Sin embargo, a diferencia de las tortugas terrestres, la tortuga marina no puede introducir su cabeza y aletas en su caparazón para protección.

KEMP'S RIDLEY'S SEA TURTLE | TORTUGA LORA

Sponsor | Patrocinador: *Sophie Saunders*

Status: Critically Endangered

Class: Reptile

Estatus: En Peligro Crítico

Clase: Reptil

CALIFORNIA CONDOR

The California condor is one of the largest birds in North America. It inhabits the Grand Canyon area, Zion National Park, California's coastal mountains, and northern Baja California.

On average, it weighs 18 - 20 pounds (8 - 9 kg). With a wingspan of about 9 feet (3 m), it can fly as fast as 56 mph (90 km/h) and as high as 15,000 feet (4,500 m).

A condor mates for life and builds nests in caves or cliffs. After mating, the female lays 1 egg. A chick flies at 6 months and continues to roost and hunt with its parents until it turns 2.

The California condor is a vulture. It likes to eat carcasses of animals such as cougars, cattle, sheep, goats, donkeys, pigs, horses, rabbits, whales, sea lions, and salmon. It will travel as far as 160 miles (250 km) in search of food.

It is one of the world's longest-living birds with a life span of up to 60 years.

The condor plays an essential role in the traditional myths of many indigenous American tribes.

CÓNDOR DE CALIFORNIA

El cóndor de California es una de las aves de mayor tamaño de Norteamérica. Vive en el área del Gran Cañón, el Parque Nacional Zion y las montañas costeras de California y el norte de Baja California.

En promedio, pesa entre 8 y 9 kg. Con una envergadura de unos 3 m, puede volar tan rápido como 90 km/h y a una altura que puede alcanzar los 4,500 m.

El cóndor se empareja de por vida y construye nidos en cuevas o acantilados. Después de aparearse, la hembra pone 1 huevo. El polluelo vuela a los 6 meses de edad y sigue durmiendo y cazando con sus padres hasta que cumple los 2 años.

El cóndor de California es un ave de rapiña. Le gusta comer cadáveres de animales como pumas, ganado, ovejas, cabras, burros, cerdos, caballos, conejos, ballenas, lobos marinos y salmón. Puede llegar a recorrer grandes distancias (250 km) en búsqueda de alimento.

Con una vida promedio de hasta 60 años, es una de las aves más longevas del mundo.

El cóndor juega un papel esencial en los mitos tradicionales de muchas tribus indígenas americanas.

California Condor | Cóndor de California
Sponsor | Patrocinador: *Richard Weaver*

Status: Critically Endangered   Estatus: En Peligro Crítico

Class: Bird   Clase: Ave

Grizzly Bear

The grizzly bear once roamed much of western North America. Hunted to near extinction, it has recovered and today can be found in Alaska, Wyoming, Montana, Idaho, Washington, and western Canada. This strong, powerful, and generally peaceful animal gets its name from its "grizzled" blond-tipped fur.

A grizzly bear on all fours stands about 4 feet (120 cm) tall, but it can be up to 7 - 8 feet (2 - 3 m) when it stands on two feet! It weighs 200 - 800 pounds (90 - 360 kg). Despite its impressive size, it is a fast runner and excellent swimmer. In the wild, it lives 20 - 25 years.

At birth, a cub weighs 1 pound (1/2 kg), is blind, and does not have any fur. But by age 1, it can weigh 200 pounds (90 kg). An adult grizzly bear eats up to 90 pounds (40 kg) of food each day. As an omnivore, it eats animals, from rodents to moose, as well as fruit, nuts, and roots.

The grizzly bear looks different from other bears because of its long, curved claws and shoulder hump. Composed of muscle, this large hump gives the grizzly power to dig and tear apart dead logs to find food and plow out of snowed-in winter dens.

Oso grizzly

El oso grizzly solía deambular por gran parte del oeste de Norteamérica. Casi extinto debido a la caza, se ha recuperado al punto que hoy en día se puede encontrar en Alaska, Wyoming, Montana, Idaho, Washington y el oeste de Canadá. Este animal fuerte, poderoso y generalmente pacífico obtiene su nombre de su pelaje 'entrecano' con puntas doradas (de grizzled, en inglés).

Un oso grizzly en sus cuatro patas mide aproximadamente 1.20 m de alto, ¡pero puede llegar los 2 o 3 m cuando se para en sus patas traseras! Su peso es de 90 a 360 kg. A pesar de su impresionante tamaño, es un corredor ágil y un nadador excelente. En la naturaleza, vive entre 20 y 25 años.

Al nacer, el cachorro, también llamado osezno pesa 0.5 kg, es ciego y carece de pelaje. Pero al cumplir un año de vida, puede llegar a pesar 90 kg. Un oso grizzly adulto come hasta 40 kg de comida al día. Es omnívoro, por lo que come animales, desde roedores hasta alces, además de frutos, nueces, hojas y raíces.

El oso grizzly luce diferente a los otros osos por sus garras largas y curvas y la joroba que tiene en sus hombros. Esta gran protuberancia, compuesta de músculo, le da al grizzly potencia para excavar y romper troncos muertos para encontrar alimento, así como para sacar la nieve de las guaridas en el invierno.

GRIZZLY BEAR | OSO GRIZZLI

Sponsor | Patrocinador: *Omi Linda*

Status: Threatened & Success Story
Class: Mammal

Estatus: En peligro y Caso de éxito
Clase: Mamífero

15

Panamanian Golden Frog

Beautiful, mysterious, and rare, the Panamanian golden frog has been cherished as a good-luck token and cultural symbol in Panama, its native country, since pre-Columbian times. It lives in wet and dry forest stream beds at altitudes of 1,100 - 4,300 feet (330 - 1,300 m).

Instead of calling as most male frogs and toads do, it waves its arms to communicate with females, who will wave back if interested. The female deposits 30 - 80 eggs in long strings in shallow water, and the male fertilizes them. After 8 - 10 days, tadpoles hatch. An adult grows to 1.3 - 2.5 inches (3.5 - 6.3 cm) and weighs 0.1 - 0.5 ounce (3 - 15 g).

In the wild, its skin is toxic, and its vibrant yellow color serves as a warning to potential predators, such as snakes and birds. The Panamanian golden frog uses its keen eyesight to find its prey, beetles, flies, ants, caterpillars, and spiders. The wider the variety of its diet, the more toxic its skin becomes.

Despite its official name, the Panamanian golden frog is actually a toad — go figure!

Rana dorada de Panamá

Hermosa, misteriosa y rara, la rana dorada de Panamá ha sido apreciada como un amuleto de la buena suerte y símbolo cultural de Panamá, su país natal, desde épocas precolombinas. Se le puede encontrar en lechos de arroyos en bosques húmedos y secos a altitudes de entre 335 y 1,300 m.

En lugar de llamados, como ocurre con la mayoría de las ranas y sapos machos, los machos de esta especie agitan sus brazos para comunicarse con las hembras, mismas que les devolverán el "saludo" si tienen interés. La hembra deposita de 30 a 80 huevos en tiras largas dentro de aguas poco profundas, y el macho los fertiliza. Después de 8 - 10 días nacen los renacuajos. Una rana adulta crece en longitud entre 3.5 y 6.3 cm, pesando desde 3 hasta los 15 g.

En la naturaleza su piel es tóxica, y su color amarillo vibrante es una advertencia para posibles depredadores, como serpientes y aves. La rana dorada de Panamá usa su visión aguda para encontrar a sus presas, incluyendo: escarabajos, moscas, hormigas, orugas y arañas. Mientras más variada sea su dieta, más tóxica será su piel.

A pesar de su nombre oficial, la rana dorada de Panamá es, realmente, un sapo. ¡Quién lo diría!

Panamanian Golden Frog | Rana dorada de Panamá

Sponsor | Patrocinador: *Clementine Elise Patricia*

Status: Critically endangered   Estatus: En peligro crítico

Class: Amphibian   Clase: Anfibio

17

Sea Otter

The sea otter is the largest member of the weasel family, yet the smallest marine mammal in North America. It lives in shallow coastal waters of the Pacific Ocean from California to Alaska.

The sea otter has webbed feet with retractable claws, water-repellent fur to keep dry and warm, and nostrils and ears that close in the water.

A female sea otter gives birth to 1 - 3 pups each year. It is the only otter that gives birth in the water. A mother cuddles and nurses her young while floating on her back.
A sea otter eats 25% of its body weight in food every day. It is a carnivore and spends 3 - 5 hours a day hunting for various types of snails, octopi, and shellfish. While floating on its back, a sea otter uses a rock to break open its shellfish meal. It grows to 3 - 4 feet (90 - 120 cm) long and weighs 40 – 100 pounds (20 - 45 kg). A sea otter's life span is 10 - 20 years.

To keep from drifting apart in the rolling sea, sea otters wrap themselves in seaweed, forming a group called a raft. Researchers have seen 1,000 sea otters floating together in one such raft.

Nutria marina

La nutria marina es el integrante más grande de la familia de las comadrejas, pero el mamífero marino más pequeño de Norteamérica. Vive en las aguas costeras poco profundas del océano Pacífico, desde California hasta Alaska.

La nutria marina tiene patas palmeadas con garras retráctiles, un pelaje impermeable para mantenerse seca y caliente, y fosas nasales y oídos que se cierran en el agua.

Una nutria marina hembra da a luz a 1 - 2 cachorros cada año. Es la única nutria que da a luz en el agua. La madre abraza y amamanta a sus cachorros mientras flota sobre su lomo. Consume un 25% de su peso corporal en comida todos los días. Es carnívora y pasa entre 3 y 5 horas al día cazando varios tipos de mariscos, caracoles y pulpos. Flotando sobre su lomo, la nutria usa una roca para romper y abrir los crustáceos y comerlos. Crece entre 90 y 120 cm de largo y llega a pesar de 20 a 45 kg. El promedio de vida de una nutria marina es de 10 - 20 años.

Para evitar irse a la deriva cuando el mar está agitado, las nutrias marinas se envuelven en algas, formando un grupo llamado "raft" (traducido al español como "balsa"). Los investigadores han visto hasta 1,000 nutrias flotando juntas en uno de esos "rafts".

SEA OTTER | NUTRIA MARINA
Sponsor | Patrocinador: *Nicole & Annabelle Neese*

Status: Endangered   Estatus: En Peligro
Class: Mammal   Clase: Mamífero

Carolina Northern Flying Squirrel

The Carolina northern flying squirrel is found at high elevations in North Carolina, Tennessee, and southwest Virginia. It can trace its roots back to the last ice age.

The Carolina northern flying squirrel makes its home in woodpecker holes, abandoned bird nests, or tree cavities in the forest. It eats fungi, lichens, seeds, fruits, insects, and tree buds. The adult grows to 10 - 12 inches (25 - 30 cm) long and weighs about 5 ounces (140 g). This squirrel communicates using a variety of vocalizations, including sharp squeaking calls, soft chirps, chuckling noises, and whining, as well as various musical whistles.

The flying squirrel actually glides rather than flies. When leaping from tree to tree, it spreads its limbs, and a furry membrane called a patagium forms a square that acts like a hang glider. A flying squirrel can cover more than 150 feet (45 m) in a single glide.

Inspired by the gliding habits of flying squirrels, humans have made special suits that imitate this rodent. These wingsuits allow BASE jumpers and skydivers to slow their descent and perform different maneuvers while gliding.

Ardilla voladora del norte

La ardilla voladora del norte se encuentra en las altas elevaciones de Carolina del Norte, Tennessee y suroeste de Virginia. Sus orígenes se remontan a la última Era del Hielo.

La ardilla voladora del norte construye su hogar en los agujeros de pájaros carpinteros, nidos de aves abandonados o cavidades de árboles en el bosque. En su dieta se incluyen: hongos, líquenes, semillas, frutas, insectos y brotes de árboles. La ardilla adulta crece a un tamaño de 25 a 30 cm de largo y pesa unos 140 g. Esta ardilla se comunica empleando una variedad de vocalizaciones, incluyendo llamados con agudos chillidos, chirridos suaves, ruiditos entre dientes y quejidos, así como arios silbidos musicales.

La ardilla voladora no vuela, sino que planea. Cuando salta de árbol en árbol, abre sus extremidades y una membrana peluda llamada patagio forma un cuadrado que funciona como un planeador. La ardilla voladora puede cubrir más de 45 m en uno de estos desplazamientos.

Inspirados en los hábitos de planeo de las ardillas voladoras, los humanos han creado trajes especiales que imitan a este roedor. Estos trajes con alas, llamados "wingsuits", les permiten a los saltadores BASE y a los paracaidistas ralentizar su descenso y realizar diferentes maniobras mientras planean.

Carolina Northern Flying Squirrel | Ardilla voladora del Norte
Sponsor | Patrocinador: *Total Printing Systems*

Status: Endangered   Estatus: En Peligro

Class: Mammal   Clase: Mamífero

OCELOT

The ocelot is a sleek, wild cat with a beautiful dappled coat, native to the southwestern United States, Mexico, and Central and South America. It inhabits tropical forests, thorn forests, mangrove swamps, and savannas at elevations up to 3,900 feet (1,200 m).

The ocelot is smaller than other wild cats, such as jaguars and pumas. With a length of 28 - 35 inches (70 - 90 cm) and a weight of 24 - 35 pounds (11 - 16 kg), it is twice the size of the average domestic cat.

A mother gives birth to 1 - 3 young. A kitten spends about a year with its mom learning survival skills such as hunting, before it goes off in search of its own territory.

The ocelot is most active at night. It uses its sharp vision and hearing to hunt rabbits, rodents, birds, iguanas, frogs, monkeys, armadillos, and opossums. This wild cat eats its kill immediately. It uses its teeth to tear meat into chunks and swallows them whole.

Unlike some other cat species, ocelots are not afraid of water. They are excellent swimmers.

OCELOTE

El ocelote es un estilizado gato salvaje con un hermoso pelaje moteado, nativo del suroeste de Estados Unidos, México, Centroamérica y Sudamérica. Vive en bosques tropicales, matorrales secos, manglares y sabanas a elevaciones de hasta 1,200 m.

El ocelote es más pequeño que otros gatos salvajes, como los jaguares y pumas. Con una longitud de entre 70 y 90 cm y un peso de 11 a 16 kg, duplica en tamaño a un gato doméstico promedio.

Una madre puede dar a luz a entre 1 y 3 crías. El cachorro pasa alrededor de un año con la madre, aprendiendo habilidades de supervivencia, como cazar, antes de ir en búsqueda de su propio territorio.

El ocelote es más activo durante la noche. Usa su visión y audición agudas para cazar conejos, roedores, aves, iguanas, ranas, monos, armadillos y zarigüeyas. Este gato salvaje se come a su presa inmediatamente. Utiliza sus dientes para desgarrar la carne en pedazos y los traga enteros.

A diferencia de algunas otras especies de felinos, los ocelotes no le temen al agua. Son excelentes nadadores.

OCELOT | OCELOTE
Sponsor | Patrocinador: *Passion Project Publishing*

Status: Endangered   Estatus: En Peligro
Class: Mammal   Clase: Mammal

Spider Monkey

The spider monkey lives in the high canopy of the tropical rainforests of Mexico, Central America, and South America.

It is a small monkey with long, skinny arms and a prehensile (gripping) tail that enables it to swing gracefully from branch to branch. It communicates with calls, screeches, barks, and also with body gestures. Groups of 2 - 3 dozen are led by a female who is responsible for planning an efficient feeding route. Each morning, the monkeys forage for nuts, fruits, leaves, eggs, spiders, and sometimes bark, honey, or insects.

Typically, a female gives birth to one baby every 2 - 5 years. The mother carries her young on her belly, and the baby wraps its tail around its mother to hold on tightly. It will grow into an adult that is 14 - 26 inches (35 - 65 cm) tall and weighs 13 pounds (6 kg). In the wild, it lives to 20 - 27 years.

The most intelligent of the New World monkeys, scientific studies prove the spider monkey has an excellent memory.

Mono araña

El mono araña vive en las copas altas de los bosques tropicales de México, Centroamérica y Sudamérica.

Es un mono pequeño con brazos largos y delgados, y una cola prensil que le permite balancearse elegantemente de rama en rama. Se comunica con llamados, chillidos, ladridos y también con gestos corporales. Los grupos de 2 - 3 docenas son liderados por una hembra, la cual es responsable de planificar una ruta de alimentación eficiente. Cada mañana, los monos buscan nueces, frutos, hojas, huevos, arañas y algunas veces corteza, miel o insectos.

Normalmente, la hembra da a luz a un infante en intervalos de entre 2 y 5 años. La madre lleva a su cría abrazada a su vientre, pues el infante se sujeta firmemente enrollando su cola alrededor de la madre. Alcanzando la adultez, medirá entre 35 y 65 cm de alto y pesará cerca de 6 kg. En la naturaleza, el mono araña vive entre 20 y 27 años.

Considerado el más inteligente de los monos del Nuevo Mundo, los estudios científicos han demostrado que el mono araña tiene una memoria excelente.

Spider Monkey | Mono araña
Sponsor | Patrocinador: *Ezra Neese*

Status: Endangered   Estatus: En Peligro

Class: Mammal   Clase: Mamífero

AMERICAN ALLIGATOR

The American alligator is the largest reptile in North America. It lives in freshwater wetlands in the southeastern United States.

A hatchling is 6 - 8 inches (15 – 20 cm) long and grows to 8 - 15 feet (2.5 - 4.5 m) long as an adult. A mature alligator can weigh 1,000 pounds (450 kg).
An alligator feeds mainly on fish, turtles, snakes, and small mammals.
It can swim 20 mph (32 km/h). It can also remain underwater and hold its breath for up to one hour. The alligator has a life span of about 70 years.

Scientists say this predator with its armored lizardlike body, muscular tail, and powerful jaw is more than 150 million years old.

An alligator has 74-80 teeth in its mouth. As teeth wear or fall out, they are replaced. An alligator can go through more than 2,000 teeth in its lifetime.

ALIGÁTOR AMERICANO

El aligátor americano es el reptil más grande de Norteamérica. Habita en humedales de agua dulce en el sureste de Estados Unidos.

Una cría mide entre 15 y 20 cm de largo al eclosionar, alcanzando entre 2.5 m y 4.5 m de largo cuando es adulto. Un aligátor maduro puede pesar poco más de 450 kg.
Se alimenta principalmente de peces, tortugas, serpientes y pequeños mamíferos.
Puede nadar a 32 km/h. También puede permanecer bajo el agua y sostener la respiración por hasta una hora. El aligátor tiene un promedio de vida de unos 70 años.

Los científicos dicen que este depredador, con su cuerpo de lagarto acorazado, cola musculosa y potente mandíbula, ha estado presente en la Tierra por más de 150 millones de años.

Un aligátor tiene de 74 a 80 dientes en su boca. Cuando un diente se desgasta o se cae, es reemplazado por uno nuevo. Esta especie puede llegar a tener más de 2000 dientes en toda su vida.

American Alligator | Aligátor americano

Status: Least Concern & Success Story

Class: Reptile

Estatus: Preocupación menor y Caso de éxito

Clase: Reptil

Northern Spotted Owl

The northern spotted owl lives in northwestern California, western Oregon and Washington, and southwestern British Columbia.

The northern spotted owl is a nocturnal "perch-and-pounce" predator. It sits on a tree branch at night and uses keen vision to scan for a potential meal. It silently swoops down to capture its prey with its talons. Small rodents, such as flying squirrels, red tree voles, and wood rats, are its primary targets. It also consumes birds, reptiles, and invertebrates. The spotted owl grows to 1.5 feet (40 cm) tall, weighs about 21 ounces (600 g), and has a wingspan up to 4 feet (1.2 m).

The spotted owl mates for life. The female lays an average of 2 eggs each spring, from which owlets hatch after about 30 days of incubation. In the wild, a spotted owl lives 10 - 15 years.

In Greek mythology, an owl accompanied or represented Athena, the goddess of wisdom. Because of this association, owls are considered wise, even though they probably are no more intelligent than many other birds.

Búho moteado del norte

El búho moteado del norte vive en el noroeste de California, el oeste de Oregón y Washington, y el suroeste de la Columbia Británica.

El búho moteado del norte es un predador nocturno del tipo "posarse y abalanzarse". Se posa sobre la rama de un árbol durante la noche y, con su aguda visión, detecta un alimento potencial. Al tener su presa en la mira, baja en picada silenciosamente para capturarla con sus garras. Sus presas principales son los pequeños roedores, como ardillas voladoras, campañoles rojos y ratas de campo. También consume aves, reptiles e invertebrados. El búho moteado crece hasta 40 cm de alto, pesa unos 600 g y tiene una envergadura que alcanza 1.2 m.

El búho moteado se empareja de por vida. La hembra pone un promedio de 2 huevos cada primavera, de los cuales nacen los polluelos tras unos 30 días de incubación. En la naturaleza, el búho moteado ha registrado una longevidad de 10 - 15 años.

En la mitología griega, un búho acompañaba o representaba a Atenea, la diosa de la sabiduría. Por esta asociación, los búhos son considerados sabios, a pesar de que probablemente no son más inteligentes que muchas otras aves.

Northern Spotted Owl | Búho moteado del norte

Sponsor | Patrocinador: *Nancy Benet - Fix-It Accounting, Inc.*

Status: Endangered   Estatus: En Peligro

Class: Bird   Clase: Ave

American Bison

The American bison is found in North America and is the iconic image of the Great Plains and the Old West. Though the names bison and buffalo are often used interchangeably, they are different animals. The American bison has a hump, a beard, and short horns, which distinguish it from the buffalo that is native to South Asia and Africa.

The bison is vegetarian, eating primarily grasses, weeds, and leafy plants.
It is a massive, shaggy beast and the heaviest land animal in North America.
It can weigh up to 2,000 pounds (900 kg) and stand up to 6 feet (1.80 m) tall.
It has a life span of 10 - 20 years.

A bison is fast. It can run up to 35 mph (55 km/h) and is exceptionally agile.
A bison can spin around quickly, jump high fences, and is a strong swimmer.

The history of bison and Native Americans is intertwined. Bison were integral to Plains tribes' cultures, providing them with food, clothing, fuel, tools, shelter, and spiritual values.

Bisonte Americano

El bisonte americano se encuentra en Norteamérica y es la imagen icónica de las Grandes Llanuras y el Viejo Oeste. Aunque los nombres bisonte y búfalo son a menudo empleados como sinónimos, en realidad se trata de animales diferentes.
El bisonte americano tiene una joroba, una barba y cuernos cortos, lo que lo diferencia del búfalo, nativo del sur de Asia y de África.

El bisonte es vegetariano, y se alimenta principalmente de pastos, hierbas y otras plantas frondosas. Es una especie inmensa y de gran pelaje, y se conoce como el animal terrestre más pesado de Norteamérica. Puede pesar hasta 900 kg y alcanzar 1.80 m de altura.
Tiene un promedio de vida de 10 - 20 años.

El bisonte es rápido. Puede correr hasta 55 km/h y es excepcionalmente ágil.
Un bisonte puede correr rápidamente, saltar cercos altos y nadar muy bien.

La historia del bisonte está entrelazada con la de los nativos norteamericanos. El bisonte formaba parte integral de la cultura de las tribus de las llanuras, proporcionándoles comida, ropa, combustible, herramientas, refugio y valores espirituales.

AMERICAN BISON | BISONTE AMERICANO
Sponsor | Patrocinador: *Nico LeBlanc*

Status: Near Threatened & Success Story

Class: Mammal

Estatus: Casi amenazado y Caso de éxito

Clase: Mamífero

BOLSON TORTOISE

The Bolson tortoise is found at an average elevation of 5,000 ft. (1,500 m) in north-central Mexico's desert and grasslands. It is the largest tortoise in North America. It grows to 14 inches (35 cm) long and weighs 80 - 220 pounds (35 - 100 kg). A tortoise hides its head, feet, and tail in its shell to protect itself from predators. Its shell is composed of 60 bony plates, sensitive to even the softest touch.

The Bolson tortoise spends 95% of its life alone in a burrow. It only emerges to eat and mate. Its food is primarily grasses, flower shoots, shrubs, and herbs. Without teeth, it uses the ridges in its mouth to grind these plants.

After mating, a female will lay up to 18 eggs per year, of which only a few hatch and survive to adulthood.

Tortoises and turtles have existed for 300 million years. The main physical differences between tortoises and turtles are their feet and shells. A tortoise has short, thick feet, while a turtle has webbed feet. A tortoise's shell is heavy and rounded, while a turtle's shell is light and flat.

TORTUGA DEL BOLSÓN

La tortuga del Bolsón se encuentra a una elevación promedio de 1,500 m en el desierto y algunos pastizales de la parte central del norte de México. Es la tortuga terrestre más grande de Norteamérica, crece hasta 35 cm de largo y pesa entre 35 y 100 kg. La tortuga esconde su cabeza, patas y cola en su caparazón para protegerse de los depredadores. Su caparazón está compuesto de 60 placas óseas, sensibles al más mínimo toque.

La tortuga del Bolsón pasa el 95% de su vida sola en una madriguera. Solamente sale para comer y aparearse. Su alimento se compone principalmente de pastos, brotes de flores, hierbas y arbustos. Como no tiene dientes, usa los bordes de su boca para triturar esas plantas.

Después de aparearse, la hembra pone hasta 18 huevos al año, de los cuales solo unos pocos eclosionan y sobreviven hasta la adultez.

Las tortugas terrestres y acuáticas han existido por 300 millones de años. La principal diferencia entre ambas son sus patas y caparazones. La tortuga terrestre tiene patas cortas y gruesas, mientras que la tortuga acuática tiene patas palmeadas. El caparazón de la tortuga terrestre es pesado y redondeado, mientras que el de la tortuga acuática es más ligero y plano.

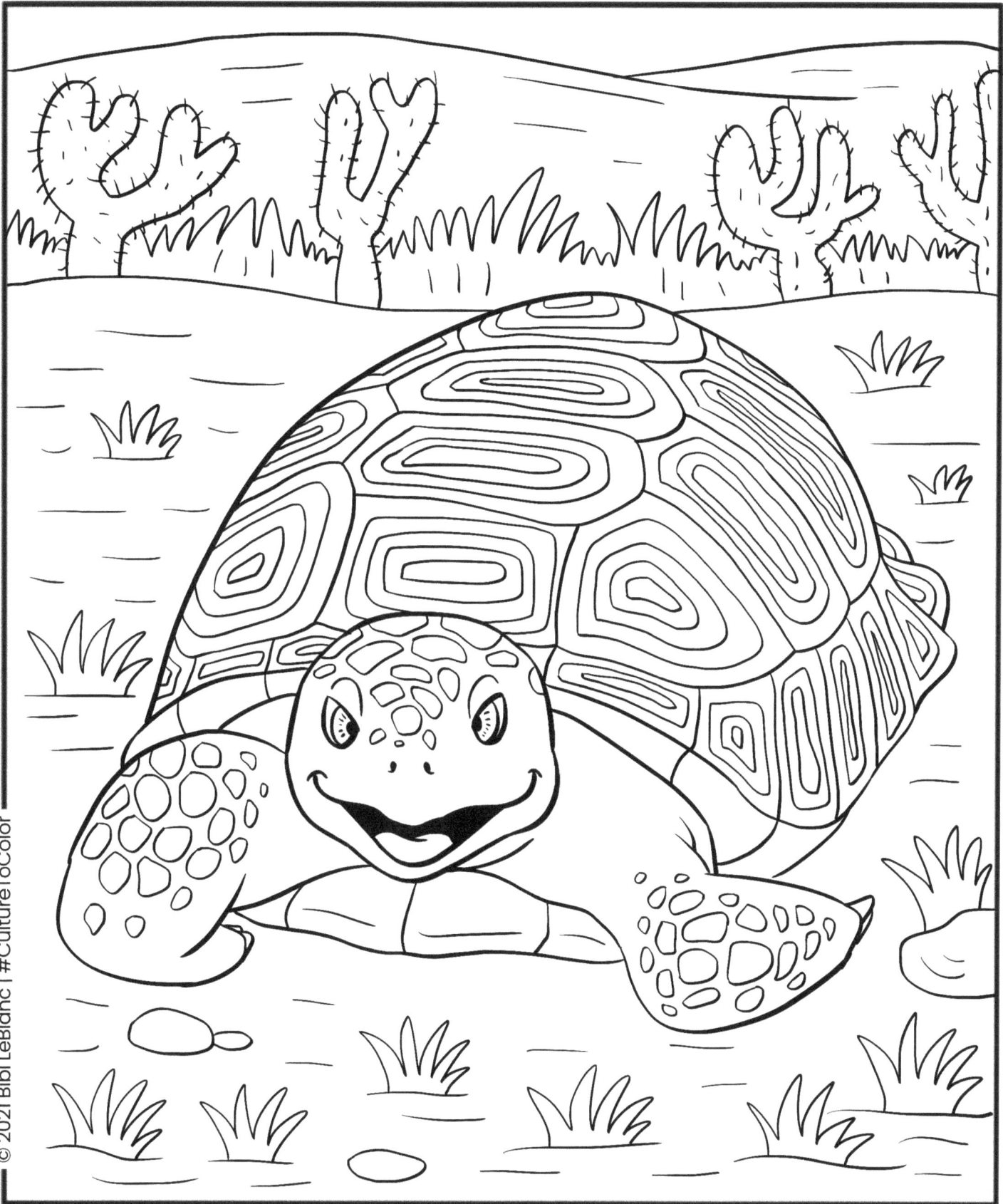

Bolson Tortoise | Tortuga del Bolsón

Sponsor | Patrocinador: *Reptile Discovery Center*

Status: Critically Endangered   Estatus: En Peligro Crítico

Class: Reptile   Clase: Reptil

West Indian Manatee

The West Indian manatee lives in shallow, slow-moving waters of rivers, estuaries, and saltwater bays of coastal areas. It migrates from Florida and the Caribbean to North Carolina and Texas's Gulf Coast in the summer.

Feeding for 5 - 8 hours each day on aquatic plants, and occasionally invertebrates and fish, it grows to 13 feet (4 m) long and a weight of 440 - 1,300 pounds (200 - 600 kg). A manatee gives birth to 1 - 2 calves every 2 - 5 years. Its life span in the wild is 30 - 40 years.

Despite its large size, the manatee is a graceful swimmer. It pushes itself forward by moving its strong tail up and down and steers with its flexible flippers. When in shallow water, a manatee can use its flippers to walk. When moving, it has to surface every 3 - 5 minutes to breathe. When resting, it can stay underwater for up to 15 minutes.

This gentle animal is more closely related to an elephant than to other marine creatures.

Manatí antillano

El manatí antillano habita en aguas poco profundas y tranquilas de ríos, estuarios y bahías de agua salada en zonas costeras. Migra desde Florida y el Caribe en el invierno hacia la costa de Carolina del Norte y el golfo de Texas en el verano.

Se alimenta durante 5 - 8 horas con plantas acuáticas cada día, y ocasionalmente incluye invertebrados y peces. Puede alcanzar hasta 4 m de largo y pesar entre 200 y 600 kg. Una hembra manatí da a luz a 1 - 2 crías cada 2 - 5 años. Su promedio de vida en estado salvaje es de 30 - 40 años.

A pesar de su gran tamaño, el manatí es un nadador elegante. Se impulsa hacia delante moviendo su fuerte cola arriba y abajo, y hace giros usando sus aletas flexibles. Cuando está en aguas poco profundas, el manatí puede usar sus aletas para caminar. Cuando se encuentra en movimiento, debe salir a la superficie cada 3 - 5 minutos para respirar. En su descanso, puede quedarse bajo el agua por hasta 15 minutos.

Este gentil animal está más relacionado con un elefante que con otras criaturas marinas.

WEST INDIAN MANATEE | MANATÍ ANTILLANO

Sponsor | Patrocinador: *Kathy Aparo-Griffin - Aparo Griffin Properties Inc.*

Status: Vulnerable

Class: Mammal

Estatus: : Vulnerable

Clase: Mamífero

Ivory-Billed Woodpecker

The ivory-billed woodpecker is found in the Southeastern United States and Cuba. It is one of the largest woodpeckers in the world. It grows to 18 - 20 inches (45 - 51 cm) and weighs 16 - 20 ounces (450 - 550 g). It has a wingspan of 30 - 31 inches (76 - 70 cm). Its average life span in the wild is 20 - 30 years.

Like all woodpeckers, the ivory-billed woodpecker has a strong, straight bill used to strip bark from dead but standing trees. The hard-tipped, barbed tongue of a woodpecker is up to 4 inches (10 cm) long and 2 - 3 times the length of its bill. It uses its tongue to gather beetle larvae, its primary food, and other bugs, sap, nuts, fruit, and seeds.

A woodpecker can peck up to 20 times per second for a total of 8,000 - 12,000 pecks per day. It doesn't even get a headache from all this pecking because it has a reinforced skull structured to spread the impact, and its brain is heavily cushioned.

A woodpecker will drum on various resonant objects, such as hollow trees, rain gutters, and metal roofing, to communicate territory, attract mates, and locate food.

Carpintero real

El carpintero real, también llamado picamaderos picomarfil, se encuentra en el sureste de Estados Unidos y Cuba. Es uno de los pájaros carpinteros más grandes del mundo. Crece hasta un promedio de 45 y 51 cm y pesa entre 450 y 550 g. Tiene una envergadura que ronda los 76 y 78 cm. Su vida promedio en el medio silvestre es de 20 - 30 años.

Al igual que todos los carpinteros, tiene un pico fuerte y recto que usa para descortezar árboles muertos en pie. La lengua con púas y punta dura de un pájaro carpintero mide hasta 10 cm de largo, que es 2 - 3 veces el largo de su pico. Usa su lengua para atrapar larvas, su principal alimento, además de otros insectos, savia, nueces, frutas y semillas.

Un carpintero puede picotear hasta 20 veces por segundo, para un total de 8,000 a 12,000 picoteos al día. No sufre dolores de cabeza por toda esta actividad, ya que está adaptado con un cráneo reforzado y estructurado para amortiguar el impacto, además, su cerebro está fuertemente protegido.

Un carpintero puede martillear sobre varios objetos resonantes, como árboles huecos, canaletas para lluvia y techos de metal, ya sea para comunicar su territorio, atraer parejas o localizar alimento.

Ivory-Billed Woodpecker | Carpintero real

Status: Critically Endangered   Estatus: En Peligro Crítico

Class: Bird   Clase: Ave

Giant Anteater

The giant anteater lives in Central and South-America. It inhabits various environments, such as tropical rainforests, deciduous woodlands, open grasslands, and even timber plantations. Giant Anteaters have been around since the dinosaurs.

A giant anteater can reach 6 - 8 feet (1.8 - 2.5 m) in length from nose to tail and weigh 60 - 100 pounds (27 - 45 kg). It usually moves with a slow shuffle but can reach 30 mph (50 km/h) when necessary. Its average life span is 14 years in the wild.

It uses its powerful forearms and long claws for digging and opening up termite and ant nests. Its tongue can extend up to 2 feet (60 cm) and is covered with tiny spines and coated with thick, sticky saliva to gather insects for food. It can flick its tongue 150 times a minute, eating up to 35,000 insects a day. That's about 1 million a month!

Its bushy tail serves as a sunshade during the day and provides warmth at night. When the giant anteater feels threatened, it makes a bellowing noise, rears up on its hind legs, and swipes with its claws. It can fight off caimans, pumas, and jaguars!

Oso hormiguero gigante

El oso hormiguero gigante vive en Centroamérica y Sudamérica. Se le encuentra en hábitats variados, como selvas tropicales, bosques caducifolios, pastizales abiertos e incluso en plantaciones madereras. Los osos hormigueros gigantes existen desde le época de los dinosaurios.

Uno de estos osos hormigueros puede alcanzar una longitud entre 1.8 y 2.5 m desde la nariz hasta la cola, y pesar alrededor de 27 a 45 kg. Generalmente tiene un desplazamiento lento, aunque puede alcanzar velocidades de 50 km/h cuando es necesario. Su promedio de vida es de 14 años en la naturaleza.

Usa sus potentes antebrazos y largas garras para escarbar y abrir nidos de termitas y hormigas. Su lengua, que se puede extender hasta 60 cm, posee diminutas espinas y está cubierta con una espesa y pegajosa saliva que le permite recolectar insectos para alimentarse. Puede mover su lengua 150 veces por minuto, y comer hasta 35,000 insectos al día. ¡Eso es aproximadamente 1 millón al mes!

Su cola tupida le proporciona sombra durante el día y calor en la noche. Cuando el oso hormiguero se siente amenazado, hace un sonido como de bramido, se levanta en sus patas traseras y da manotazos con sus garras. ¡Puede luchar contra caimanes, pumas y jaguares!

Giant Anteater | Oso hormiguero gigante

Status: Vulnerable

Class: Mammal

Estatus: Vulnerable

Clase: Mamífero

Pygmy Rabbit

The pygmy rabbit is native to Arizona, California, Montana, Nevada, Oregon, Utah, Washington, and Wyoming. It is the smallest wild rabbit species in the world, growing to just under 1 foot (23 - 30 cm) in length. An adult weighs less than 1 pound (500 g) and lives 3 - 5 years in the wild.

The pygmy rabbit is one of only two rabbit species in North America known to dig its own burrows. The burrows are used for shelter, regulation of body temperature, and protection from predators. During the winter, the rabbit digs tunnels in the snow to search for sagebrush. Its diet is more varied in the spring and summer when it includes other shrubs and grasses. A pygmy rabbit typically is most active at dawn and again at dusk. During the day, it rests in or near its burrow. Even when foraging, it typically stays within 330 feet (100 m) of its home. A female gives birth to three litters per year. Each one includes an average of six bunnies.

The pygmy rabbit can be distinguished from other rabbits by its relatively short ears, a gray tail (most have white tails), and most significantly, its small size — it can fit in the palm of a hand.

Conejo pigmeo

El conejo pigmeo es nativo de Arizona, California, Montana, Nevada, Oregón, Utah, Washington y Wyoming. Es la especie de conejo salvaje más pequeña del mundo, pues mide menos de 30 cm de largo. Un adulto apenas alcanza los 500 g y vive entre 3 y 5 años en el medio silvestre.

El conejo pigmeo es una de las dos únicas especies de conejos de Norteamérica que cavan sus propias madrigueras. Usan las madrigueras como refugio, para regular la temperatura corporal y para protegerse de los depredadores. Durante el invierno, el conejo cava túneles en la nieve para buscar chamizo blanco. Su dieta es más variada en la primavera y el verano, cuando incluye otros arbustos y pastos. Normalmente el conejo pigmeo está más activo al amanecer y de nuevo, al anochecer. Durante el día, descansa en o cerca de su madriguera. Incluso cuando busca alimento lo usual es que no se aleje más de 100 m de su hogar. La hembra da a luz a tres camadas al año. Cada una incluye un promedio de seis crías.

Se puede diferenciar al conejo pigmeo de otros conejos por sus orejas relativamente cortas, su cola gris (la mayoría tienen cola blanca) y, más significativamente, su pequeño tamaño: puede caber en la palma de una mano.

Pygmy Rabbit | Conejo pigmeo
Sponsor | Patrocinador: *Clara Anne*

Status: Least Concern

Class: Mammal

Estatus: Preocupación Menor

Clase: Mamífero

41

Polar Bear

The majestic polar bear lives along shores and on ice floes in the Arctic Circle. A female gives birth in the winter, usually to twins. Cubs live with their mothers for about 2 ½ years until they are weaned and can survive on their own. A polar bear grows to 6 - 10 feet tall (2 - 3 m) and weighs 900 - 1,600 pounds (400 - 700 kg). In the wild, a polar bear lives up to 25 years.

The polar bear is a powerful swimmer, using its large, slightly webbed front paws to paddle. This predator uses sea-ice as a platform from which to hunt seals, its primary prey. It relies on its acute sense of smell to locate a seal's breathing hole, then waits for the seal to emerge from the water before capturing it. A polar bear can recognize a seal's scent up to 20 miles (30 km) away! And it even can smell a seal underwater from up to a half mile (750 m) away.

Interestingly, a polar bear is not really white. It has black skin and hollow, colorless fur. This hollow fur reflects light, making it appear white. It also traps the sun's heat to keep the bear warm. A thick layer of blubber, often more than 4 inches (10 cm) thick, also helps the bear stay warm in the arctic climate.

Oso polar

El majestuoso oso polar vive a lo largo de las costas y sobre bloques de hielo en el círculo polar ártico. La hembra da a luz en invierno, usualmente a gemelos. Los cachorros viven con su madre por unos dos años y medio, hasta el destete, y puedan sobrevivir por sí solos. Un oso polar crece hasta 2 - 3 m y llega a pesar entre 400 y 700 kg. En la naturaleza, un oso polar vive hasta 25 años.

El oso polar es un poderoso nadador; utiliza sus grandes y ligeramente palmeadas patas delanteras para remar. Este depredador utiliza el hielo marino como una plataforma desde la cual cazar focas, su principal presa. Confía en su agudo sentido del olfato para ubicar el respiradero de una foca, y entonces espera a que la foca emerja del agua y poder capturarla. ¡El oso polar puede reconocer el aroma de una foca localizada hasta a 30 km de distancia! Incluso puede oler una foca bajo el agua cuando se encuentra a 750 m de esta.

Un hecho interesante es que el oso polar no es blanco realmente. Posee la piel negra y un pelaje hueco sin coloración. Este pelaje hueco refleja la luz, dando la impresión de ser blanco. También le permite retener el calor del sol y mantener al oso caliente. Una gruesa capa de grasa, a menudo de más de 10 cm de grosor, también ayuda en la regulación de temperatura corporal en este clima extremo.

Polar Bear | Oso polar
Sponsor | Patrocinador: *Isabella and Analena Lankford*

Status: Vulnerable

Class: Mammal

Estatus: Vulnerable

Clase: Mamífero

Black-Footed Ferret

The black-footed ferret is the only ferret native to North America. It lives in the grasslands of Wyoming, South Dakota, Montana, Arizona, Colorado, Utah, Kansas, and Chihuahua, Mexico.

An adult weighs 1.5 - 2.5 pounds (0.7 - 1.1 kg) and can grow to 24 inches (60 cm) long. A strip of dark fur across its eyes gives it the appearance of wearing a mask.

The black-footed ferret is a long, slender relative of the weasel. It is nocturnal and hunts for its main prey, prairie dogs sleeping in their burrows. A ferret eats around 100 prairie dogs per year.

In the spring, a female gives birth to a litter of 1 - 6 kits and raises them by herself. Kits are born blind and helpless and stay below ground until they are about 2 months old.

A black-footed ferret — often called "BFF" in wildlife biology circles — is about as cute as a predatory, rodent-devouring machine can be.

Hurón patinegro

El hurón patinegro es el único hurón nativo de Norteamérica. Vive en las praderas de Wyoming, Dakota del Sur, Montana, Arizona, Colorado, Utah, Kansas (Estados Unidos) y Chihuahua, en México.

Un adulto pesa de 0.7 a 1.1 kg y puede crecer hasta 60 cm de largo. Una franja de pelaje oscuro que atraviesa sus ojos da la impresión de que usa una máscara.

El hurón patinegro es un pariente alargado y esbelto de la comadreja. Es nocturno y caza sus presas principales: perritos de la pradera que duermen en sus madrigueras. Un hurón come aproximadamente 100 perritos de la pradera en un año.

En la primavera, la hembra da a luz a una camada de 1 - 6 cachorros y los cría sola. Los cachorros nacen ciegos e indefensos y se quedan bajo tierra hasta que tienen unos dos meses de edad.

El hurón patinegro, es muy lindo, pero es una verdadera máquina carnívora devoradora de roedores.

BLACK-FOOTED FERRET | HURÓN PATINEGRO
Sponsor | Patrocinador: *Secured Insurance Group LLC*

Status: Endangered   Estatus: En Peligro

Class: Mammal   Clase: Mamífero   45

GIANT GARTER SNAKE

The giant garter snake is found only in California's Central Valley. There are many other garter snakes native to North America, from Canada's subarctic plains to Costa Rica.

With a length of at least 64 inches (162 cm), the giant garter snake is the largest of its species. A female weighs about 1 - 1.5 pounds (500 - 700 g), making it heavier than the male. The garter snake will eat almost anything it can overpower: coldblooded animals such as frogs, toads, and earthworms, as well as slugs, leeches, lizards, insects, rodents, and birds. It finds its prey in slow-moving waterways and emergent plants. When threatened, it finds cover in nearby vegetation or darts into the water.

The breeding season extends through March and April. A female gives birth to live young from late July through early September. A snakelet immediately scatters into dense cover. It typically more than doubles in size in the first year.

Although the giant garter snake uses mild venom on its prey, it is not considered dangerous to humans.

SERPIENTE DE LIGA GIGANTE

La serpiente de liga gigante se encuentra solamente en el Valle Central de California. Existen muchas otras serpientes de liga nativas de Norteamérica, distribuidas desde las llanuras subárticas de Canadá hasta Costa Rica.

Con una longitud de al menos 162 cm, la serpiente de liga gigante es la más grande de la especie. Una hembra pesa alrededor de 500 a 700 g, lo que la hace más pesada que el macho. Esta serpiente comerá casi todo animal que tenga al alcance y se pueda dominar: animales de sangre fría como ranas, sapos y lombrices, así como babosas, sanguijuelas y lagartijas. También insectos como arañas, roedores, anfibios y aves están en su amplio catálogo de alimentación. Encuentra a su presa en cursos fluviales de corriente lenta y con vegetación emergente. Cuando se siente amenazada, encuentra refugio en la vegetación cercana o se lanza precipitadamente hacia el agua.

La estación de apareamiento se extiende entre marzo y abril. La hembra da a luz a crías vivas entre finales de julio y principios de septiembre. Las crías se arrastran inmediatamente en busca de un refugio denso. Normalmente, en el primer año llegan a duplicar su tamaño.

Aunque la serpiente de liga gigante usa un veneno suave sobre sus presas, este no es considerado peligroso para los humanos.

Giant Garter Snake | Serpiente de liga gigante
Sponsors | Patrocinadors: *Claire Mae, Raymond John & Ward Steven*

Status: Vulnerable

Class: Reptile

Estatus: Vulnerable

Clase: Reptil

47

Kinkajou

The kinkajou is a small mammal that lives in Mexico's dry forests, and Central and South America's mountain forests and tropical rainforests. It rarely leaves the trees. It uses its prehensile (gripping) tail for balance, to hold on to branches while reaching for food, and as a blanket while sleeping.

The kinkajou roams and eats at night. It is an omnivore. With its long, skinny tongue that is 5 inches (13 cm) long, it eats fruit and extracts nectar from flowers, honey from beehives, and insects from their nests. Its diet also includes birds and their eggs and small mammals. A kinkajou grows 16 - 30 inches (40 - 75 cm) long and weighs 3 - 10 pounds (1.5 - 4.5 kg). It lives about 20 years in the wild.

A female kinkajou gives birth to one, rarely two, babies. She is very protective and travels with her baby clinging to her belly. Kinkajous live in small social groups and share interactions such as reciprocal grooming. They are vocal animals and can be heard screeching, barking, and hissing. Though many of its physical features and behavioral traits resemble those of monkeys, the kinkajou is related to olingos, coatis, raccoons, ringtails, and cacomistles.

Kinkajú

El kinkajú es un pequeño mamífero que vive en los bosques secos de México, así como en los bosques montanos y selvas tropicales de Centroamérica y Sudamérica. Rara vez deja los árboles. Usa su cola prensil para balancearse, para sujetarse de las ramas mientras busca comida, y como abrigo cuando duerme.

El kinkajú deambula y come de noche. Es omnívoro. Con su lengua larga y delgada de 13 cm, come frutas y extrae néctar de las flores, miel de los panales de abejas e insectos de sus nidos. Su dieta también incluye aves y sus huevos, y pequeños mamíferos. Un kinkajú crece unos 40 - 75 cm de largo y su peso ronda entre 1.5 y 4.5 kg. Vive unos 20 años en estado salvaje.

Un kinkajú hembra da a luz a una cría, rara vez a dos. Es muy protectora y se mueve con su cría agarrada a su vientre. Los kinkajúes viven en pequeños grupos sociales e interactúan entre ellos; por ejemplo, cuando se acicalan unos a otros. Son animales vocales y se pueden escuchar chillando, ladrando o silbando. Aunque muchas de sus características físicas y rasgos conductuales se asemejan a los monos, el kinkajú está emparentado con los olingos, coatíes, mapaches y cacomixtles

Kinkajou | Kinkajú
Sponsor | Patrocinador: *Benjamin LeBlanc*

Status: Least Concern

Class: Mammal

Estatus: Preocupación menor

Clase: Mamífero

Hine's Emerald Dragonfly

The Hine's emerald dragonfly lives in spring-fed marshes and meadows in Illinois, Missouri, Michigan, and Wisconsin. It has bright emerald-green eyes and a metallic green body, with yellow stripes on its sides. It is 2.5 inches (6 cm) long, and its wingspan reaches 3.3 inches (8 cm).

The female lays eggs by repeatedly plunging the tip of her body into shallow water. After the nymph hatches from the egg, it lives in the water for 2 - 4 years, eating small aquatic insects and shedding its skin many times. When it is ready to leave the water, the nymph sheds its skin a final time and emerges as an adult dragonfly. The dragonfly has better vision than humans. It uses keen eyesight and speed to catch its prey, including flying insects, such as mosquitoes, flies, and gnats. The adult lives 4 - 5 weeks.

A dragonfly needs to warm up in the sun before it flies. It has unique aerodynamic skills, which enable it to fly upside down, hover, whirl through a tight 360-degree circle, travel at over 35 mph (55 km/h), and even fly backwards.

Libélula esmeralda de Hine

La libélula esmeralda de Hine vive en pantanos y campos alimentados por manantiales en los estados de Illinois, Missouri, Michigan y Wisconsin. Tiene ojos color verde esmeralda brillante y un cuerpo verde metalizado, con franjas amarillas a los lados. Mide 6 cm de largo, y su envergadura alcanza los 8 cm.

La hembra pone los huevos sumergiendo repetidamente la punta de su cuerpo sobre agua poco profunda. Después de que la ninfa eclosiona del huevo, vive en el agua por 2 a 4 años, comiendo insectos acuáticos y mudando su piel en varias ocasiones. Cuando está lista para dejar el agua, la ninfa muda su piel una última vez y emerge como una libélula adulta. La visión de la libélula es mejor que la de los humanos. Usa su visión precisa y su velocidad para atrapar a sus presas, incluyendo pequeños insectos voladores, como mosquitos y moscas. La libélula adulta vive de 4 a 5 semanas.

La libélula necesita calentarse bajo el sol antes de volar. Tiene habilidades aerodinámicas únicas que le permiten volar bocabajo, planear, dar vueltas en un estrecho círculo de 360 grados, viajar a más de 55 km/h e incluso volar en retroceso.

Hine's Emerald Dragonfly | Libélula esmeralda de Hine
Sponsor | Patrocinador: *Astrid de Parry*

Status: Endangered

Class: : Invertebrate

Estatus: En Peligro

Clase: Invertebrado

Scalloped Hammerhead Shark

This shark is found in the Pacific Ocean, from Southern California to South-America, and in the Atlantic Ocean from New Jersey to the Caribbean and the Gulf of Mexico.

The scalloped hammerhead shark gets its name from its hammer-shaped head. Despite the large head, it has a relatively small mouth. Its diet consists of smaller fish such as mackerel, herring, and sardines, as well as smaller sharks, and occasionally invertebrates.

The scalloped hammerhead is viviparous, which means the eggs hatch inside the mother's body. A female gives birth to a litter of 12 - 38 pups. An adult shark grows to 6 - 8 feet (1.5 - 2.7 m) long and a weight of 80 pounds (35 kg). The average life span is 20 - 30 years. Scientists measure a shark's age by counting the rings on its spine.

A hammerhead is an agile swimmer and can reach a speed of 25 mph (40 km/h). A shark's body is heavier than the sea, so it will sink if it stops moving.

Tiburón martillo común

Este tiburón se encuentra en el océano Pacífico, desde el sur de California hasta Sudamérica, y en el océano Atlántico, desde Nueva Jersey hasta el Caribe y el Golfo de México.

El tiburón martillo común se llama así por su cabeza en forma de martillo. Pero a pesar de su gran cabeza, tiene una boca relativamente pequeña. Su dieta consiste en peces y otros organismos pequeños como caballas, sardinas y arenques, algunos tiburones y ocasionalmente, invertebrados.

El tiburón martillo común es vivíparo, lo que significa que los huevos eclosionan dentro del cuerpo de la madre. Una hembra da a luz a un conjunto de entre 12 y 38 crías que crecerán hasta 1.5 - 2.7 m de largo y pesarán 35 kg. Su promedio de vida es de 20 - 30 años. Los científicos calculan la edad del tiburón contando los anillos de su columna vertebral.

El tiburón martillo es un nadador ágil y puede alcanzar velocidades de 40 km/h. El cuerpo del tiburón es más pesado que el agua del mar, por lo que se hundirá si deja de moverse.

SCALLOPED HAMMERHEAD SHARK | TIBURÓN MARTILLO COMÚN

Status: Critically Endangered

Class: Fish

Estatus: En peligro crítico

Clase: Pez

53

PYGMY THREE-TOED SLOTH

The pygmy three-toed sloth lives only on Isla Escudo de Veraguas off the coast of Panama. The sloth is the world's slowest mammal. It is so slow that algae grow on its fur. A sloth's fur becomes an ecosystem of living things: Animals, such as moths, beetles, cockroaches, and worms, settle into the sloth's fur to feast on the algae.

The arboreal sloth lives high in the canopy, hanging upside-down from tree branches by its long, strong, curved claws. It sleeps up to 20 hours a day, awakening at night to feed on leaves, tree buds, and fruit.

The female gives birth to a single young while hanging in the trees. The newborn clings to its mother's belly until it is weaned. A sloth grows to 23 inches (60 cm) long and weighs about 9 pounds (4 kg). In the wild, a sloth lives 10 - 16 years, in captivity for over 30 years.

If confronted by a predator, a sloth turns from sluggish to slugger, slashing with its claws, biting, and hissing.

PEREZOSO PIGMEO DE TRES DEDOS

El perezoso pigmeo de tres dedos vive únicamente en la isla Escudo de Veraguas, en la costa de Panamá.

El perezoso es el mamífero más lento del mundo. Es tan lento que sobre su piel suelen crecer algas. La piel de un perezoso se convierte en un ecosistema de formas vivas: animales como polillas, escarabajos, cucarachas y gusanos se posan en la piel del perezoso para alimentarse de estas algas.

El perezoso vive en las copas de los árboles, colgado bocabajo de las ramas gracias a sus garras largas, fuertes y curvas. Duerme hasta 20 horas al día, y despierta en la noche para alimentarse de hojas, brotes de árboles y frutos.

La hembra da a luz a una sola cría, mientras se encuentra colgada del árbol. El recién nacido trepa hasta el vientre de la madre y allí se queda hasta el destete. El perezoso crece hasta 60 cm de largo, alcanzando un peso de 4 kg. En estado silvestre, el perezoso vive 10 - 16 años, y en cautiverio se ha registrado en más de 30 años.

Si se enfrenta a un depredador, el perezoso pasa de ser lento a ser todo un bateador, golpeando con sus garras y mordiendo mientras emite sonidos.

Pygmy Three-Toed Sloth | Perezoso pigmeo de tres dedos
Sponsor | Patrocinador: *Marlene Beaty*

Status: Critically Endangered

Class: Mammal

Estatus: En Peligro Crítico

Clase: Mamífero

Caribou

The caribou is found in the tundra and taiga regions of Canada and Greenland. Caribou and reindeer are the same animal. It is called caribou if it is wild and reindeer if it is domesticated.

The sharp-edged hooves easily break and clear the snow when a caribou digs for food. The toes of the hooves spread out to act like snowshoes. Large feet also make good paddles. The caribou is a powerful swimmer and often has to cross rivers or lakes in its migration path. In a year, a caribou can travel as many as 1,600 miles (2,600 km) as it migrates.

A newborn calf weighs about 13 pounds (6 kg) and quickly grows to its adult height of 3 - 5 feet (1 - 1.5 m). An adult bull weighs 350 - 400 pounds (160 - 180 kg). In contrast, a female weighs about half as much. A caribou has thick brown and white fur that keeps it warm in the Arctic winters.

A caribou eats grass, mushrooms, leaves, and twigs, as well as lichen, a mosslike plant.

The caribou is the only member of the deer family in which the male and female grow antlers.

Caribú

El caribú se encuentra en las regiones de tundra y taiga de Canadá y Groenlandia. El caribú y el reno corresponden al mismo animal. Se le llama caribú cuando está en estado salvaje y reno si ha sido domesticado.

Gracias a sus pezuñas con bordes filosos, el caribú rompe y despeja fácilmente la nieve para escarbar en búsqueda de comida. Los dedos de las pezuñas se despliegan, funcionando como raquetas de nieve. Las patas de gran tamaño resultan ser buenas paletas sobre la nieve. El caribú es un nadador poderoso, y a menudo tiene que cruzar ríos o lagos en su ruta migratoria. En un año, puede viajar hasta 2,600 km cuando realiza su migración.

Un caribú recién nacido pesa cerca de 6 kg y crece rápidamente hasta alcanzar su altura adulta de 1 - 1.5 m. Un macho adulto pesa en promedio 160 - 180 kg. En contraste, la hembra pesa más o menos la mitad de eso. El caribú tiene un pelaje grueso de color marrón y blanco que lo mantiene caliente en los inviernos árticos.

El caribú come pastos, hongos, hojas y ramas, además de líquenes, que son parecidos al musgo.

El caribú es el único integrante de la familia de los ciervos que tanto el macho como la hembra poseen astas.

Caribou | Caribú

Status: Threatened

Class: Mammal

Estatus: En Peligro

Clase: Mamífero

BALD EAGLE

The bald eagle is a bird of prey found in Canada, Alaska, the contiguous United States, and northern Mexico. Its name comes from the Old English word "balde," meaning "white."

With a wingspan of 7 feet (2 m), it flies about 30 mph (45 km/h) and can reach speeds of 100 mph (150 km/h) while diving. The bald eagle is a powerful predator that mainly eats fish. Its diet also includes smaller birds, bird's eggs, and animals like rabbits, reptiles, amphibians, and crabs.

The bald eagle weighs 6 - 14 pounds (3 - 6 kg). It lives up to 28 years in the wild. A bald eagle mates for life. The pair builds a nest that measures 4 - 5 feet (1.2 - 1.5 m) in diameter and 2 - 4 feet (0.6 - 1.2 m) deep. Each year, it will add 1 - 2 feet (30 - 60 cm) of new material to the nest.

If a bald eagle loses a feather on one wing, it will lose a feather on the other to keep its balance.

The bald eagle has been the national emblem of the United States since 1782. It was chosen for its majestic appearance and representation of freedom and strength.

ÁGUILA CALVA

El águila calva es un ave de presa que se encuentra en Canadá, Alaska, los Estados Unidos continentales y el norte de México. Su nombre en inglés, "bald eagle", proviene de la antigua palabra inglesa "balde", que significa "blanco". Aunque su traducción literal a español es águila calva, ya que la palabra "bald" se traduce como "calvo", no es un ave que carezca de plumas en su cabeza. También se le conoce como águila de cabeza blanca.

Con una envergadura de 2 m, vuela a unos 45 km/h y puede alcanzar velocidades de 150 km/h en picada. El águila calva es un depredador poderoso que se alimenta principalmente de peces. Su dieta también incluye aves más pequeñas, huevos de aves y animales como conejos, reptiles, anfibios y cangrejos.

El águila calva pesa entre 3 - 6 kg. Puede vivir hasta 28 años en el medio silvestre. El águila calva se empareja de por vida. La pareja construye un nido que mide aproximadamente 1.2 - 1.5 m de diámetro y 0.6 - 1.2 m de profundidad. Cada año, le agregan al nido 30 a 60 cm de material nuevo.

Cuando un águila de cabeza blanca pierde una pluma en un ala, perderá una pluma en la otra para mantener un equilibrio.

El águila calva ha sido el emblema nacional de los Estados Unidos desde 1782. Fue elegida por su apariencia majestuosa y su representación de libertad y fuerza.

Bald Eagle | Águila calva
Sponsor | Patrocinador: *Frederik Roth*

Status: Least Concern & Success Story
Class: Bird

Estatus: Preocupación menor y Caso de éxito
Clase: Ave

Staghorn Coral

Staghorn coral may look like a plant or rock, but it is actually an animal. It is a stony coral and lives in reef habitats off the coasts of Florida, Central America, and the Caribbean Islands.

Almost all corals are colonial organisms. A colony is composed of hundreds of thousands of individual animals, called polyps. Each coral polyp secretes calcium carbonate to create a hard skeleton. Over time, this process can create a massive reef structure. Named for its resemblance to deer antlers, the reef-building staghorn coral is the fastest-growing coral in the western Atlantic. When healthy, its branches can grow 4 - 8 inches (10 -20 cm) a year to over 5 feet (1.5 m) high and more than 30 feet (10 m) across.

Staghorn coral feeds on nutrients produced by algae that live in the polyp tissues. It also preys on microscopic animals, catching them using stinging cells on its tentacles.

A coral reef provides habitats for a diverse range of marine life and can live hundreds of years.

Coral cuerno de ciervo

El coral cuerno de ciervo puede parecer una planta o una roca, pero realmente es un animal. Es un coral pétreo y vive en hábitats de arrecife en las costas de Florida, Centroamérica y las islas del Caribe.

Casi todos los corales son organismos coloniales. Una colonia está compuesta por cientos de miles de individuos, llamados pólipos. Cada pólipo coralino secreta carbonato de calcio para crear un esqueleto duro, y que le da su apariencia de coral. Llamado así por su semejanza a los cuernos de los ciervos, esta especie es conocida por crear grandes arrecifes, además de ser el coral de más rápido crecimiento en el Atlántico occidental. Cuando está saludable, sus ramificaciones pueden crecer entre 10 y 20 cm al año hasta llegar a sobrepasar los 1.5 m de altura y extenderse en plano horizontal 10 m o más. Con el tiempo, este proceso crea una masiva estructura de arrecife.

El coral cuerno de ciervo se alimenta de nutrientes producidos por las algas que viven en los tejidos del pólipo. También se alimenta de animales microscópicos, mismos que atrapa usando las células urticantes en sus tentáculos.

Un arrecife de coral proporciona hábitats para una amplia gama de formas de vida marina, y puede vivir cientos de años.

Staghorn Coral | Coral cuerno de ciervo

Sponsor | Patrocinador: *Chris LeBlanc*

Status: Critically Endangered   Estatus: En Peligro Crítico

Class: Invertebrate   Clase: Invertebrado

FLORIDA PANTHER

Living in remote wilderness areas in southwest Florida, such as the Everglades National Park, the Florida panther is the only mountain lion subspecies found east of the Mississippi River.

It can run up to 35 mph, but only for a few hundred yards. Its preferred hunting method is to creep up as close as possible to its prey and launch a short spring attack or jump from a tree. It can leap more than 15 feet (4 m) when pouncing on its prey.

The largest of the small cat species, the Florida panther is 6 - 7 feet (2 - 2.5 m) long and weighs up to 160 pounds (70 kg). An adult Florida panther eats the equivalent of 35 - 50 deer-sized animals each year. A female with cubs may consume twice that amount. In addition to white-tailed deer, its diet consists of birds, rabbits, hogs, armadillos, rats, and carrion. It lives 12 - 15 years.

Unlike lions and tigers, a mountain lion is unable to roar.

Florida schoolchildren chose the panther as the state animal in 1981.

PANTERA DE FLORIDA

Vive en las zonas silvestres remotas del suroeste de Florida, como el Parque Nacional Everglades. La pantera de Florida es la única subespecie de puma que se encuentra al este del río Mississippi.

Puede correr a una velocidad de hasta 56 km/h, pero solo por un corto trayecto. Su método de caza preferido es arrastrarse tan cerca como le sea posible a su presa y lanzar un ataque rápido y corto, o saltar desde un árbol. Puede saltar más de 4 m cuando se abalanza sobre su presa.

La más grande de las especies de pequeños felinos, la pantera de Florida mide aproximadamente 2 - 2.5 m de largo y pesa hasta 70 kg. Una pantera de Florida adulta come el equivalente de 35 a 50 animales del tamaño de un ciervo cada año. Una hembra con cachorros pudiera consumir el doble de esa cantidad. Además del venado cola blanca, su dieta se basa en aves, conejos, cerdos, armadillos, ratas y carroña. Vive unos 12 - 15 años.

A diferencia de los leones y los tigres, los pumas no pueden rugir.

Los niños estudiantes de Florida eligieron a la pantera como el animal del estado en 1981.

Florida Panther | Pantera de Florida
Sponsor | Patrocinador: *The Munizzi Law Firm*

Status: Success Story & Still Endangered

Class: Mammal

Estatus: Caso de éxito y Aún en peligro

Clase: Mamífero

63

Puerto Rican Parrot

This parrot lives in the rainforest of Puerto Rico. In 1493, Christopher Columbus arrived at this Caribbean island. The Taíno inhabitants greeted him as hundreds of noisy bright-green parrots with white-ringed eyes flew overhead.

The Puerto Rican parrot mates for life. It does not build new nests but inhabits previously excavated sites or holes and breeds during the dry season. Chicks hatch from clutches of 2 - 4 eggs. With a diet of seeds, nuts, fruits, leaves, flowers, and the bark of trees and vines, the Puerto Rican parrot grows to an adult length of 11 - 12 inches (28 - 30 cm) and weight of 9 - 10.5 ounces (250 - 300 g). Its life expectancy in the wild is 20 - 25 years.

The parrot is one of the few birds that understands music and can move to it as if dancing to the tune.

Cotorra puertorriqueña

Esta cotorra vive en la selva tropical de Puerto Rico. En 1493, Cristóbal Colón llegó a esta isla caribeña. Cuando los habitantes taínos lo recibieron, cientos de ruidosas cotorras color verde brillante y ojos rodeados de blanco volaban sobre ellos.

La cotorra puertorriqueña tiene la misma pareja toda su vida. No construye nidos, sino que vive en sitios o agujeros previamente excavados y se reproduce durante la estación seca. Los polluelos nacen en grupos de 2 - 4 huevos. Con una dieta de semillas, nueces, frutos, hojas, flores y la corteza de árboles y enredaderas, la cotorra puertorriqueña crece hasta alcanzar 28 - 30 cm de largo y un peso de 250 a 300 g en la adultez.
Su expectativa de vida en la naturaleza es de 20 - 25 años.

La cotorra es una de las pocas aves que entienden la música y pueden moverse como si bailaran al ritmo de la melodía.

Puerto Rican Parrot | Cotorra puertorriqueña

Status: Critically Endangered   Estatus: En Peligro Crítico
Class: Bird   Clase: Ave

Giant Sea Bass

The giant sea bass lives in the Pacific Ocean off California's and Mexico's coasts. It spends most of its life near rocky reefs and dense kelp forests.

The most dramatic feature of the giant sea bass is its size. It grows to over 7 feet (2 m) long and can weigh as much as 700 pounds (310 kg). It collects its prey by widely opening its mouth and capturing various types of fish, crustaceans, and octopi. In the wild, it lives about 70 years. Almost as impressive as its size is its variation in color. A juvenile is a bright orange with black spots. As the bass ages, the orange turns bronzy purple, and the spots fade. An adult can change color in the blink of an eye to communicate potential danger.

A female produces up to 60 million eggs during the spawning season. Fertilized eggs hatch after 24 - 36 hours. Larvae spend the first month near the surface of the water, feeding on plankton. Then, they migrate to a depth of 40 - 70 feet (12 - 20 m) until becoming large enough to survive in deeper water.

This gentle giant is a curious creature. It freely approaches and investigates divers.

Lubina gigante

La lubina gigante vive en el océano Pacífico, en las costas de California y México. Pasa la mayor parte de su vida cerca de arrecifes rocosos y densos bosques de kelp.

La característica más dramática de esta especie es su tamaño. Crece más de 2 m de largo y puede pesar cerca de 310 kg. Atrapa su presa abriendo su boca ampliamente y capturando varios tipos de peces, crustáceos y pulpos. En la naturaleza, vive cerca de 70 años. Casi tan impresionante como su tamaño es su variación de colores. Una lubina gigante joven tiene color naranja brillante con puntos negros. A medida que envejece, el naranja se torna en un púrpura con matices bronce, y los puntos desaparecen. Un adulto puede cambiar de color rápidamente para alertar sobre un peligro potencial.

Una hembra produce hasta 60 millones de huevos durante la temporada de desove. Los huevos fertilizados eclosionan después de 24 - 36 horas. Las larvas pasan el primer mes cerca de la superficie del agua, alimentándose de plancton. Después, migran a una profundidad de 12 - 20 m hasta ser lo suficientemente grandes para sobrevivir en aguas más profundas.

Este gigante tranquilo es una criatura curiosa. Se acerca libremente a los buzos para investigarlos.

GIANT SEA BASS | LUBINA GIGANTE

Status: Critically Endangered   Estatus: En peligro Crítico

Class: Fish   Clase: Pez

Red Wolf

Once native to the forests, swamps, and coastal prairies throughout the eastern U.S., today the red wolf can be found in the wild only on North Carolina's Albemarle Peninsula.

The red wolf forms a pack of 5 - 8 animals, composed of the breeding male and female and their offspring from different years. A litter of 1 - 9 pups is born every year. After 1 - 3 years, the younger wolves will leave the pack, mate, and establish their own territory. The red wolf is a carnivore. Its diet consists of white-tailed deer, raccoons, and smaller mammals such as rabbits and rodents. It travels 20 miles or more a day to find food and can reach speeds of 40 mph (65 km/h) during a chase.

An adult red wolf stands about 26 inches (65 cm) tall at its shoulder and is about 4 feet (1.2 m) long from the nose to the tip of the tail. It ranges in weight from 45 - 80 pounds (20 - 35 kg). In the wild, a red wolf typically lives 5 - 6 years.

A wolf communicates through body language, scent-marking, and a series of vocalizations. A howling wolf pack can be heard from 10 miles away.

Lobo rojo

El lobo rojo, que solía ser nativo de los bosques, pantanos y praderas costeras a todo lo largo del este de Estados Unidos, hoy en día solo se puede encontrar en libertad en la península de Albemarle en Carolina del Norte.

El lobo rojo forma manadas de 5-8 animales, compuestas por el macho, la hembra y sus crías de diferentes edades. Cada año nace una camada de entre 1 y 9 cachorros. Después de un máximo de 3 años, los lobos jóvenes dejarán la manada, se emparejarán y establecerán su propio territorio. El lobo rojo es carnívoro. Su dieta consiste en venados cola blanca, mapaches y pequeños mamíferos como conejos y roedores. Viaja 32 kilómetros o más al día para encontrar alimento, y puede alcanzar velocidades de 65 km/h durante una persecución.

Un lobo rojo adulto mide aproximadamente 65 cm de altura hasta el punto más elevado en la base del cuello, y 1.2 m de largo desde la nariz hasta la punta de la cola. Su peso varía entre 20 y 35 kg. En estado salvaje, un lobo rojo vive normalmente unos 5-6 años.

El lobo se comunica a través del lenguaje corporal, dejando marcas de olor y con una serie de vocalizaciones. Cuando una manada de lobos aúlla, se puede escuchar a 16 km de distancia.

Red Wolf | Lobo rojo
Sponsor | Patrocinador: *Maple & Wyatt*

Status: Critically Endangered   Estatus: En Peligro Crítico

Class: Mammal   Clase: Mamífero

Tricolored Bat

The tricolored bat ranges throughout the eastern United States, central Minnesota, Oklahoma, and Texas and extends south through eastern Mexico to Central America. The earliest record of bats dates back about 51 million years.

A bat is the only mammal that can fly. With a wingspan of 8 - 10 inches (20 - 25 cm), the tricolored bat (a type of microbat) can fly up to 12 mph (18 km/h). This bat has a short, "fluttery" flight pattern, and because of its small size, is often mistaken for a moth. The tricolored bat weighs up to 0.3 ounce (9 g) and grows to a length of about 3 inches (8 cm).

Like most bats, the tricolored bat is nocturnal: It sleeps during the day and is active at night. A bat uses echolocation to capture prey. It emits ultrasonic sounds humans can't hear and listens for the echo to find food in total darkness. A bat can eat up to 1,200 mosquitoes an hour and consume its body weight in insects every night.

Murciélago tricolor

El murciélago tricolor habita a lo largo del este de Estados Unidos, Minnesota central, Oklahoma y Texas, y se extiende al sur a través del este de México hacia Centroamérica. Se estima que los murciélagos han existido desde hace unos 51 millones de años.

El murciélago es el único mamífero que puede volar. Con una envergadura de entre 20 y 25 cm, el murciélago tricolor (un tipo de micromurciélago) puede volar a una velocidad de hasta 18 km/h. Este murciélago tiene un patrón de vuelo corto y de tipo "aleteo", y debido a su pequeño tamaño, a menudo es confundido con una polilla. El murciélago tricolor pesa hasta 9 g y alcanza una longitud aproximada de 8 cm.

Como la mayoría de los murciélagos, el murciélago tricolor es nocturno: duerme durante el día y está activo por la noche. El murciélago utiliza la ecolocalización para capturar a sus presas. Emite sonidos ultrasónicos que los humanos no pueden oír, y escuchan el eco para encontrar comida en la oscuridad total. Un murciélago puede comer hasta 1,200 mosquitos en una hora y consumir el equivalente a su peso corporal en insectos cada noche.

Tricolored Bat | Murciélago tricolor
Sponsor | Patrocinador: *Maresa Hudson*

Status: Vulnerable

Class: Mammal

Estatus: Vulnerable

Clase: Mamífero

ATLANTIC PUFFIN

The Atlantic puffin, a small seabird with a brightly colored beak, inhabits the North Atlantic and Arctic Oceans from the eastern coast of the U.S. and Canada to the western coast of Europe.

With a wingspan of up to 21 inches (53 cm), the puffin is a magnificent flyer, reaching speeds of up to 55 mph (88 km/h). It is also an excellent swimmer and can dive to a depth of 200 feet (60 m), searching for fish. It spends most of its life at sea, floating on the waves when not swimming.

In spring and summer, thousands of puffins gather in colonies on the coasts and islands of the North Atlantic Ocean to breed. They build nests on steep mountain cliffs, grassy banks, or rocky crevices. Both parents take turns incubating the egg until a puffling hatches.

An adult puffin measures 10 - 13 inches (25 - 30 cm) in length. In the wild, it lives for 20 years.

A puffin's beak changes color, from a dull gray in the winter to a bright orange in the spring! The puffin is nicknamed "sea parrot" or "clown of the sea" because of this bright coloring.

FRAILECILLO ATLÁNTICO

El frailecillo atlántico, una pequeña ave marina con un pico de colores brillantes, habita en los océanos Atlántico Norte y Ártico, desde la costa este de Estados Unidos y Canadá hasta la costa occidental de Europa.

Con una envergadura de hasta 53 cm, el frailecillo es un magnífico volador, alcanzando velocidades de hasta 88 km/h. Siendo un excelente nadador también, puede sumergirse a una profundidad de 60 m en búsqueda de peces. Pasa la mayor parte de su vida en el mar, flotando sobre las olas cuando no está nadando.

En primavera y verano, miles de frailecillos se reúnen en colonias en las costas e islas del océano Atlántico Norte para reproducirse. Construyen nidos en empinados acantilados, orillas dominadas por pastos o grietas rocosas en montañas. Ambos padres se turnan para incubar el huevo hasta que eclosiona un pichón de frailecillo.

El frailecillo adulto mide de 25 - 30 cm de largo. En la naturaleza, vive por unos 20 años.

El pico del frailecillo cambia de color, ¡que va de un gris opaco en el invierno a un naranja brillante en la primavera! Al frailecillo le dicen "perico del mar" o "payaso del mar" por esta coloración tan particular.

ATLANTIC PUFFIN | FRAILECILLO ATLÁNTICO
Sponsor | Patrocinador: *Elizabeth Ann & Andrew Richard*

Status: Vulnerable

Class: Bird

Estatus: Vulnerable

Clase: Ave

Oahu Tree Snail

The Oahu tree snail lives in the mountains of Hawaii's Oahu Island. It lives singly or in small clusters in the crevices of tree bark, on branches and foliage's underside, or in leaf litter around the base of tree trunks. An individual snail is sedentary and may spend its entire life on a single tree.

The Oahu tree snail is nocturnal and grazes on algae and fungus from surfaces of native plant leaves but does not feed upon the leaves or bark. This snail gives birth up to seven times a year to live baby snails, in contrast to other snails who lay eggs.
A baby tree snail is born complete with its shell and is about 0.17 inch (0.43 cm) long.
Its adult size is approximately 0.75 inch (1.8 cm).

The Oahu tree snail's shell is smooth, glossy, and oblong, with five to seven whorls.
It is colorful and diverse in pattern and shape and stays with the snail for life.

In Hawaiian culture, this snail is referred to as "the voice of the forest"
because it is believed to sing as it travels up and down a tree.

Caracol de árbol de Oahu

El caracol de árbol de Oahu vive en las montañas de la isla Oahu en Hawái. Vive solo o en pequeños grupos en las grietas sobre las cortezas de los árboles, en las ramas y en el envés de las hojas, o en lechos de hojas que rodean la base del tronco.
Un caracol solo es sedentario y pasa toda su vida en un solo árbol.

El caracol de árbol de Oahu es nocturno y se alimenta de algas y hongos de la superficie de las hojas de plantas nativas, sin embargo, no come las hojas ni la corteza. Esta especie da a luz a pequeños caracoles vivos hasta en siete ocasiones por año, a diferencia de los otros caracoles, que ponen huevos. Una cría de caracol de árbol nace completa con su concha y mide apenas unos 0.4 cm de largo. Su tamaño adulto es de aproximadamente 1.8 cm.

La concha del caracol de árbol de Oahu es suave, brillante y alargada, con entre cinco ysiete espirales. Tiene patrones de color y forma coloridos y diversos, y permanece con el caracol de por vida.

En la cultura hawaiana, este caracol es llamado "la voz del bosque", porque se cree que canta mientras se mueve hacia arriba y hacia abajo en el árbol.

Oahu Tree Snail | Caracol de árbol de Oahu

Status: Critically Endangered
Class: Invertebrate

Estatus: En Peligro Crítico
Clase: Invertebrado

Point Arena Mountain Beaver

The Point Arena mountain beaver lives along the Mendocino coast of California.
It favors a cool climate with heavy rainfall.

The Point Arena mountain beaver spends most of its time in an expansive tunnel system, usually constructed about a foot below ground under shrubby vegetation. It surfaces to feed on tree bark and leaves. It also eats plants that are toxic to other animals, such as stinging nettle, thistle, sword fern, and bracken fern. This rodent grows to about 13 inches (32.8 cm) in length and 4.5 - 5.5 pounds (2 - 2.5 kg) in weight.

A female gives birth to 2 - 3 kits. This beaver's expected life span is 5 - 6 years in the wild.

The mountain beaver is not aquatic like most beavers. Instead of webbed feet, it has long claws for digging, and in place of a paddle-like tail, it has a stump. It is also significantly smaller than an aquatic beaver.

Castor de montaña de Point Arena

El castor de montaña de Point Arena vive a lo largo de la costa de Mendocino en California.
Prefiere un ambiente fresco y con fuertes lluvias.

El castor de montaña de Point Arena pasa la mayor parte de su tiempo en un extenso sistema de túneles, usualmente construidos a aproximadamente 30 cm bajo el suelo, debajo de la vegetación arbustiva. Sale para alimentarse de cortezas de árboles y hojas. También come plantas que son tóxicas para otros animales, como la ortiga mayor, el cardo, helecho de espada y helecho águila. Este roedor, al crecer, puede alcanzar una longitud cercana a 33 cm. Tiene un peso de 2 - 2.5 kg.

Una hembra da a luz a 2 o 3 crías. La esperanza de vida para esta especie es de entre 5 y 6 años en estado salvaje.

El castor de montaña no es acuático como la mayoría de los castores. En lugar de patas palmeadas, tiene grandes garras para cavar, y a cambio de una cola tipo remo, tiene una cola reducida. También es significativamente más pequeño que un castor acuático.

POINT ARENA MOUNTAIN BEAVER | CASTOR DE MONTAÑA DE POINT ARENA

Status: Endangered   Estatus: En Peligro

Class: Mammal   Clase: Mamífero

Vaquita

The vaquita is the rarest sea mammal in existence and only lives in one place in the world, the shallow, cloudy waters of the Gulf of California along the Mexican coast.

The vaquita is in the same family as dolphins and whales. It is characterized by its intelligence, carnivorous diet, and the need to surface to breathe. Like other porpoises, it uses sonar to communicate and navigate.

The vaquita is the smallest of all porpoises. It is often confused with a dolphin, but it has a smaller, chunkier body and a rounded head with no snout. While most porpoises have a calf every year, a vaquita reproduces once every two years.

Its diet consists of fish and crustaceans, and it has a particular fondness for squid. An adult measures 5 feet (1.5 m) long and weighs 100 - 120 pounds (45 - 55 kg).

It lives to about 20 years of age.

Vaquita is a Spanish word meaning "little cow."

Vaquita marina

La vaquita marina es el mamífero marino más raro que existe, y vive en un solo lugar del mundo: las aguas poco profundas y turbias del Golfo de California, a lo largo de la costa mexicana.

Como otras marsopas, utiliza técnicas de sonar para comunicarse y navegar. La vaquita es la más pequeña de todas las marsopas. A menudo se le confunde co un delfín, pero tiene un cuerpo más pequeño y robusto, y una cabeza redondeada carente de hocico. Mientras que la mayoría de las marsopas tienen una cría cada año, la vaquita se reproduce una vez cada dos años.

Su dieta consiste en peces y crustáceos, y tiene un gusto particular por los calamares. Una vaquita adulta mide 1.5 m de largo y pesa entre 45 y 55 kg. Vive cerca de 20 años.

La vaquita pertenece a la misma familia de los delfines y ballenas. Se caracteriza por su inteligencia, dieta carnívora y su necesidad de salir a la superficie a respirar.

Vaquita | Vaquita Marina

Status: Critically Endangered
Class: Mammal

Estatus: En Peligro Crítico
Clase: Mamífero

Pygmy Raccoon

A very intelligent animal, the pygmy or Cozumel raccoon inhabits the mangrove forests and sandy wetlands near Mexico's Cozumel Island coastline.

A female has a litter of 2 - 5 kits, each weighing about 2 - 2.5 ounces (60 - 75 g). Although it shares its North American cousin's familiar face mask, the pygmy raccoon is roughly half the size. Its average length, including its tail, is about 3.5 feet (1 m), and it weighs about 7 -8 pounds (3.5 kg). Its average life span in the wild is 2 - 3 years. In captivity, where it doesn't need to worry about finding food or outwitting predators, some have lived as long as 20 years.

While most animals use sight, sound, or smell for hunting, a raccoon relies on its sense of touch to find food. As an omnivore, it forages for crabs, crawfish, frogs, eggs, fruit, seeds, and nuts.

In contrast to most other raccoon species, the pygmy raccoon does not hibernate because it lives in a semitropical habitat.

Mapache pigmeo

Un animal muy inteligente. El mapache pigmeo, o mapache de Cozumel, vive en los bosques de manglares y humedales arenosos cerca de la línea costera de la isla de Cozumel en México.

Una hembra tiene una camada de entre 2 y 5 cachorros, cada uno pesando cerca de 60 - 75 g. Aunque comparte la familiar máscara en el rostro de su primo norteamericano, el mapache pigmeo tiene apenas la mitad de su tamaño. Su largo promedio, incluyendo su cola, es de aproximadamente 1 m, y pesa alrededor de 3.5 kg. Su promedio de vida en la naturaleza es de 2 - 3 años. En cautiverio, donde no debe preocuparse por encontrar comida o escapar de depredadores, han registrado una longevidad de hasta 20 años.

Mientras que la mayoría de los animales usan la visión, la audición o el olfato para cazar, el mapache depende de su sentido del tacto para encontrar comida. Como animal omnívoro, se alimenta de cangrejos y otros crustáceos de agua dulce, ranas, huevos, frutas, semillas y nueces.

A diferencia de la mayoría de las otras especies de mapaches, el mapache pigmeo no hiberna porque vive en un hábitat semitropical.

Pygmy Raccoon | Mapache pigmeo

Sponsor | Patrocinador: *Annika & Sara*

Status: Critically Endangered   Estatus: En Peligro Crítico

Class: Mammal   Clase: Mamífero

HAWAIIAN MONK SEAL

The Hawaiian monk seal is found in the Hawaiian archipelago's tropical waters. In contrast, most seal species prefer colder water.

The Hawaiian monk seal feeds primarily on fish, lobster, octopus, and squid found in deep-water coral beds. When feeding, a seal typically dives for 3 - 6 minutes at a time. Most species can stay underwater for 20 - 30 minutes and dive to a depth of 1,800 feet (550 m).

The mother is so busy raising her pup for the first 5 - 6 weeks of its life that she will not eat. Her milk is 50% fat, which accounts for the pup's astonishing growth of 3 - 5 pounds (1.3 - 2.2 kg) per day. An adult monk seal grows to 7 - 8 feet (2 - 2.5 m) long and weighs 500 - 600 pounds (225 - 270 kg). The average life span of a Hawaiian monk seal is 25 - 30 years.

The Hawaiian monk seal is the official state mammal of Hawaii. Its Hawaiian name is "Ilio holo I ka uaua," which translates to "dog that runs in rough water."

FOCA MONJE DE HAWÁI

La foca monje de Hawái se encuentra en las aguas tropicales del archipiélago hawaiano. En contraste, la mayoría de las otras especies de focas prefieren aguas más frías.

La foca monje de Hawái se alimenta principalmente de peces, langostas, pulpos y calamares que se encuentran en los lechos coralinos de aguas profundas. Mientras se alimenta, la foca normalmente se sumerge por 3-6 minutos cada vez. La mayoría de las especies pueden quedarse bajo el agua por 20-30 minutos y sumergirse a una profundidad de 550 m.

La madre se ocupará tanto criando a sus cachorros las primeras 5-6 semanas de sus vidas, que no comerá. Su leche es 50% grasa, lo que explica el impresionante crecimiento del cachorro de entre 1.3 y 2.2 kg por día. Una foca monje adulta crece de 2 a 2.5 m de largo, alcanzando un peso de entre 226 y 270 kg. El promedio de vida de la foca monje de Hawái es de 25 - 30 años.

La foca monje de Hawái es el mamífero oficial del estado de Hawái. Su nombre en hawaiano es "Ilio holo I ka uaua", que se traduce como "perro que corre en aguas agitadas".

Hawaiian Monk Seal | Foca monje de Hawái
Sponsor | Patrocinador: *Olivia Pisani*

Status: Endangered

Class: Mammal

Estatus: En Peligro

Clase: Mamífero

Giant Kangaroo Rat

The giant kangaroo rat is aptly named — it bounds across the grasslands of California's Central Valley. With a top speed of nearly 10 feet (3 m) per second, it is difficult for a predator to catch.

It grows to 6 - 8 inches (15 - 20 cm) tall with a tail measuring 7 - 8.5 inches (18 - 21.5 cm). It weighs 3 - 6 ounces (93 - 195 g). Its average lifespan in the wild is 10 years.

A giant kangaroo rat lives alone in an underground burrow that has chambers for nesting and storing food. It emerges after sunset to forage for seeds and grains. After less than half an hour of food gathering, it returns to its burrow for the night.

Individuals communicate using foot thumping, from single, short thumps, to elaborate "foot rolls." Foot drumming helps identify neighbors, establish territory, and indicate mating status.

The kangaroo rat does not need to drink—it gets enough water from the seeds it eats. It does not sweat or pant to regulate its body temperature as other animals do. Instead, it uses a cooling system in its nasal passages.

Rata canguro gigante

La rata canguro gigante le hace honor a su nombre; salta a lo largo de los pastizales del Valle Central de California a velocidades que alcanzan los 3 m por segundo. Esta característica les permite huir de los depredadores.

Crece aproximadamente 15 a 20 cm de alto, con una cola de entre 18 y 21.5 cm de largo. Tiene un peso de entre 93 y 195 g. Su promedio de vida en el medio silvestre es de 10 años.

La rata canguro gigante vive sola en una madriguera subterránea con cámaras para anidar y almacenar alimento. Sale tras la puesta del sol para buscar semillas y granos. Luego de recolectar comida por media hora o menos, regresa a su madriguera a pasar el resto de la noche.

Los individuos se comunican dando golpeteos con sus patas, que van desde algunos golpecitos cortos y aislados hasta elaborados "tamborileos de patas". Este tamborileo les ayuda a identificar vecinos, establecer territorio y comunicar su estatus de apareamiento.

La rata canguro no necesita beber. Obtiene toda el agua que necesita de las semillas que come. No suda ni jadea para regular su temperatura corporal como lo hacen otros animales. En vez de eso, usa un sistema de "enfriamiento" que se encuentra en sus conductos nasales.

Giant Kangaroo Rat | Rata canguro gigante

Status: Endangered
Class: Mammal

Estatus: En Peligro
Clase: Mamífero

Baird's Tapir

The Baird's tapir is at home in the forests and wetlands of Mexico, Belize, and Guatemala.

The tapir is a mammal that looks like a pig but is related to a horse. A Baird's tapir averages 6.5 feet (2 m) in length and between 2.4 and 4 feet (73 to 120 cm) in height. An adult Baird's tapir weighs between 330 and 880 pounds (150 and 400 kg).

The tapir's upper lip and extended nose are stretched into a long snout that resembles an elephant trunk. This flexible mini-trunk is prehensile, meaning the tapir can use it to pluck tasty leaves or put fruit in its mouth.

The tapir communicates through scent marks and vocalizations such as shrill whistles.

It is an excellent climber and swimmer and can walk underwater. When feeling danger, a Baird's tapir can hide underwater for several minutes.

Tapir de Baird

El tapir de Baird, o tapir centroamericano, tiene su hogar en los bosques y humedales de México, Belice y Guatemala.

El tapir es un mamífero que parece un cerdo, pero que en realidad está emparentado con el caballo. Un tapir de Baird tiene en promedio unos 2 m de largo, y de 73 a 120 cm de altura. Un ejemplar adulto pesa entre 150 y 400 kg.

El labio superior y la nariz extendida del tapir se estiran en un largo hocico que se parece a una trompa de elefante. Esta mini-trompa flexible es prensil, lo que significa que el tapir puede usarla para arrancar sabrosas hojas o llevarse frutas a la boca.

El tapir se comunica a través de marcas odoríficas y vocalizaciones, como silbidos agudos.

Es un excelente escalador y nadador, y puede caminar bajo el agua. Cuando se siente en peligro, el tapir de Baird puede ocultarse bajo el agua por varios minutos.

Baird's Tapir | Tapir de Baird
Sponsor | Patrocinador: *Car-Tunes & Tint*

Status: Endangered

Class: Mammal

Estatus: En Peligro

Clase: Mamífero

87

CALLIPPE SILVERSPOT BUTTERFLY

To see a Callippe silverspot butterfly, visit its natural habitat in the grasslands of the San Francisco Bay Area. Look for flashes of silver as they are the telltale sign of this type of butterfly. You might spot it sipping nectar from thistles, mints, and other flowers. Its two pairs of large wings are covered with vivid scales. It has a wingspan of about 2.2 inches (5.5 cm). The Callippe, like all butterflies, is an excellent flyer.

To grow into an adult, a butterfly goes through four stages: egg, larva, pupa, and adult. This process is called "complete metamorphosis." The larva spends 2 - 3 months eating and molting; finally, it encases itself in leaves held together by silk and undergoes its metamorphosis into a butterfly. The silverspot's adult life lasts about 3 weeks in the summer.

You might see a Callippe silverspot butterfly resting in the sunshine. It has to absorb the sun's heat to warm its wings before it can fly.

MARIPOSA CALLIPPE SILVERSPOT

Para ver una mariposa callippe silverspot, visita su hábitat natural en las praderas del área de la bahía de San Francisco. Busca destellos plateados, ya que son señales que indican la presencia de este tipo de mariposa. Puede que la veas sorbiendo néctar de cardos, mentas y otras flores.

Tiene dos pares de grandes alas cubiertas con escamas vívidas y una envergadura de aproximadamente 5.5 cm. La callippe, como todas las mariposas, es una excelente voladora.

Para llegar a ser adulta, la mariposa pasa por cuatro etapas: huevo, larva, pupa y adulta. Este proceso se llama "metamorfosis completa". La larva pasa de 2 - 3 meses comiendo y haciendo mudas y, finalmente, se encierra a sí misma en hojas sujetas con seda donde atravesará su metamorfosis y convertirse en una mariposa. La vida adulta de la callippe silverspot dura unas 3 semanas en el verano.

Puede que veas la mariposa callippe silverspot descansando bajo los rayos solares. Necesita absorber el calor del sol para calentar sus alas y así poder volar.

Callippe Silverspot Butterfly | Mariposa callippe silverspot
Sponsor | Patrocinador: *Julia Loraine McNulty*

Status: Endangered

Class: Invertebrate

Estatus: En Peligro

Clase: Invertebrado

Blue Whale

The blue whale is the largest animal on Earth, even larger than any dinosaur
that ever existed. It lives in all the world's oceans, except the Arctic. This graceful swimmer
cruises the sea at 5 mph (8 km/h) and can accelerate to 20 mph (32 km/h) when agitated.

This magnificent marine mammal grows up to 100 feet (30 m), longer than
two school buses. Weighing 400,000 pounds (180,000 kg), it is as heavy as 16 school buses.
At birth, a blue whale weighs 6,000 pounds (2.700 kg) and is 25 feet (8 m) long.
Eating only mother's milk, it gains an impressive 200 pounds (90 kg) or 8 pounds (3.5 kg)
an hour every day during the first year of life.

Despite its enormous size, a blue whale eats tiny shrimplike crustaceans called krill.
Its stomach holds 2,000 pounds (900 kg) of krill.
It eats 8,000 pounds (3,500 kg) - or 40 million krill each day!

To communicate, a blue whale emits a series of pulses, groans, and moans.
Its calls are the loudest of any creature on Earth (188 decibels). In comparison, a jet engine
reaches 140 decibels. A blue whale can hear another whale from 1,000 miles away.
Scientists believe blue whales use these vocalizations to communicate and
sonar-navigate the lightless ocean depths.

Ballena azul

La ballena azul es el animal más grande de la Tierra, incluso más grande que cualquier
dinosaurio que alguna vez pudo existir. Vive en los océanos de todo el mundo,
excepto en el Ártico. Este elegante nadador navega el mar a 8 km/h y puede
acelerar a 32 km/h cuando se agita.

Este magnífico mamífero marino crece hasta los 30 m, lo que es más largo que
dos autobuses escolares colocados uno delante del otro. Con un peso de 180,000 kg,
es tan pesado como 16 de los mismos autobuses escolares. Al nacer, la ballena azul
pesa 2,700 kg y mide 8 m de largo. Alimentándose solo de leche materna, gana unos
impresionantes 90 kg, o 3.5 kg por hora cada día, durante su primer año de vida.

A pesar de su enorme tamaño, la ballena azul come pequeños crustáceos parecidos a los
camarones, llamados kril. Su estómago puede albergar 900 kg de kril. Come 3,500 kg,
¡que es lo mismo que 40 millones de estos crustáceos cada día!

Para comunicarse, la ballena azul emite una serie de pulsos, gruñidos y gemidos. Sus llamados
son los más altos de cualquier criatura en el planeta (188 decibeles).
En comparación, el motor de un jet alcanza los 140 decibeles. Puede oír a otra ballena a más
de 1,500 km de distancia. Los científicos creen que las ballenas azules usan estas vocalizaciones
para comunicarse y como un sonar para navegar en las profundidades del océano.

Blue Whale | Ballena azul
Sponsor | Patrocinador: *Janani Kumar*

Status: Endangered

Class: Mammal

Estatus: En Peligro

Clase: Mamífero

WHOOPING CRANE

A migratory bird, the whooping crane flies more than 2,500 miles (4,000 km) from its summer breeding grounds in western Canada to winter on Texas's Gulf Coast. The whooping crane feeds on small mammals, insects, and amphibians during the summer, and blue crabs and wolfberries during the winter.

A courting whooping crane performs an elaborate dance in which it leaps, flaps its wings, tosses its head, and even throws feathers and grass before mating for life. The female lays 1 - 2 eggs per clutch.

At a height of about 5 feet (1.5 m), the whooping crane is the tallest bird in North America. Thanks to its hollow bones, it only weighs about 15 pounds (7 kg). With a 7.5-feet (2-m) wingspan, it flies 35 - 50 mph (60 - 80 km/h) and can travel long distances in search of food. In the wild, it lives 20 - 30 years.

The crane is one of the oldest living birds on the planet. A crane fossil, estimated to be 10 million years old, was found in the Ashfall Fossil Beds in northeast Nebraska.

GRULLA TROMPETERA

Como ave migratoria, la grulla trompetera vuela más de 4,000 km desde sus áreas de reproducción veraniegas en el oeste de Canadá, hasta la costa del golfo de Texas, donde pasa el invierno. La grulla migratoria se alimenta de pequeños mamíferos, insectos y anfibios durante el verano, y de cangrejos azules y bayas durante el invierno.

Una grulla migratoria en cortejo realiza una elaborada danza, en la cual salta, agita sus alas, sacude su cabeza e incluso arroja plumas y pasto antes de emparejarse de por vida. La hembra pone de 1 a 2 huevos por nidada.

Con una altura de aproximadamente 1.5 m, es el ave más alta de Norteamérica. Gracias a sus huesos huecos, solo pesa 7 kg. Con una envergadura de 2 m, vuela a velocidades de entre 60 y 80 km/h y es capaz de recorrer distancias largas en búsqueda de alimento. En la naturaleza, vive entre 20 y 30 años.

La grulla es una de las aves vivientes más antiguas del planeta. Un fósil de grulla, que se estima tiene unos 10 millones de años de antigüedad, fue encontrado en los yacimientos fósiles de Ashfall en el noreste de Nebraska.

Whooping Crane | Grulla trompetera

Status: Endangered

Class: Bird

Estatus: En Peligro

Clase: Ave

Vancouver Island Marmot

The Vancouver Island marmot is one of the world's largest squirrels and rarest mammals. It lives on Vancouver Island in burrows underneath alpine meadows.

The Vancouver Island marmot has large beaverlike teeth, sharp claws, and powerful shoulder and leg muscles. It typically measures 25 - 27 inches (65 - 70 cm) from its nose to the tip of its bushy tail. An average adult weighs 10 - 16 pounds (4.5 - 7.5 kg). As an herbivore, it eats grasses, berries, mosses, roots, flowers, and sometimes insects.

The marmot lives in family groups called colonies. Typical behaviors include greeting each other with nose-touching and play-fighting that looks like boxing. During the active summer period, the Vancouver Island marmot can be spotted "sunning" on rocks to regulate its body temperature and watch for predators. It hibernates, surviving the alpine winters on its fat reserves. When emerging from hibernation, it tunnels through several feet (meters) of snow.

This marmot has five distinct whistles or trills used for different purposes, giving it the nickname "whistle pig."

Marmota de Vancouver

La marmota de Vancouver es una de las ardillas más grandes del mundo, y uno de los mamíferos más raros. Se encuentra en la isla de Vancouver, en madrigueras debajo de los pastizales alpinos.

La marmota de Vancouver tiene grandes dientes como los de un castor, garras afiladas y poderosos músculos en hombros y patas. Un ejemplar típico mide entre 65 y 70 cm desde la nariz hasta la punta de su espesa cola. Un adulto promedio pesa de 4.5 a 7.5 kg. Es un animal herbívoro, así que se alimenta de pastos, bayas, musgos, raíces y flores. En raras ocasiones también come insectos.

Las marmotas viven en grandes grupos familiares llamados colonias. Los comportamientos típicos incluyen saludarse las unas a las otras tocándose las narices, y juegos de lucha que parecen boxeo. Durante el activo periodo del verano, se puede ver a la marmota de Vancouver "tomando sol" sobre las rocas para regular su temperatura corporal y vigilar su territorio ante depredadores. Sobrevive a los inviernos alpinos hibernando gracias a sus reservas de grasa. Cuando sale de la hibernación, cava túneles a través de varios metros de nieve.

Esta marmota tiene cinco silbidos o gorjeos característicos que usa para varios propósitos, lo que le ha ganado el apodo de "cerdo silbador".

Vancouver Island Marmot | Marmota de Vancouver

Status: Critically Endangered   Estatus: En Peligro Crítico
Class: Mammal   Clase: Mamífero

Franklin's Bumblebee

Found only in northern California and southern Oregon, the Franklin's bumblebee has the narrowest distribution of any of the world's 225 bumblebee species.

Bumblebees are social insects. About 50 - 400 bumblebees live together in a colony and have particular jobs. After mating, the queen lays the eggs. The workers bring food and build wax nests in underground burrows. The bumblebee pollinates plants. This process is essential to the production of foods such as tomatoes and blueberries.

A bumblebee is 0.5 - 1 inch (11 - 23 mm) long with a wingspan of 0.9 - 1.7 inches (22 - 43 mm). Bumblebees flap their wings about 200 times per second. To cool their nests, worker bees flap their wings to remove hot air, just like tiny A/C units.

A bumblebee can sting repeatedly. Unlike a honeybee, its stinger doesn't have any barbs.

Abejorro de Franklin

Presentes en el norte de California y el sur de Oregón, el abejorro de Franklin tiene la distribución más limitada de todas las 225 especies de abejorros del mundo.

Un abejorro mide de 11 a 23 mm de largo, con una envergadura de entre 22 y 43 mm. Los abejorros son insectos sociales. Entre 50 y 400 individuos viven juntos en una colonia, cada uno colaborando en trabajos particulares. Después de aparearse, la reina pone los huevos. Los abejorros obreros traen el alimento y construyen nidos de cera en madrigueras subterráneas. Los abejorros polinizan las plantas. Este proceso es esencial para la producción de alimentos, como tomates y arándanos.

Los abejorros aletean sus alas unas 200 veces por segundo. Para refrescar sus nidos, son los obreros quienes aletean sus alas y remueven el aire caliente, como si fueran pequeños sistemas de aire acondicionado.

Un abejorro puede picar repetidamente. A diferencia de la abeja, su aguijón no tiene púas.

Franklin's Bumblebee | Abejorro de Franklin
Sponsor | Patrocinador: *Bee Powell*

Status: Critically Endangered   Estatus: En Peligro Crítico

Class: nvertebrate   Clase: Invertebrado

American Flamingo

The American flamingo, the only flamingo species native to North America,
is found in Central America and throughout the Caribbean Islands.

One of its most recognizable behaviors is its breeding display. Thousands of individuals
open their wings and lift and turn their heads in one vast, synchronized movement
to attract a mate. A flamingo pair is monogamous. It builds a volcano-shaped nest
in which the female lays a single egg. When the flaminglet can walk and swim,
it joins a creche, a group of young flamingos, including as many as 300,000 birds.
When fully grown, the average adult is 5 feet (1.5 m) tall and weighs 4 - 8 pounds (2 - 3.5 kg).

A flamingo feeds on shrimp, crustaceans, mollusks, fish, and algae in shallow coastal waters.
With its head upside-down, it scoops up a beakful of mud and water. Its beak is designed
to strain animals out of the mud before it expels the muddy water.
The flamingo's pink color results from the beta carotene in its diet.

Flamingos run on the water to gain speed before takeoff. When flying in formation, their
top speed can reach 35 mph (56 km/h). They can fly distances up to 400 miles (600 km).

Flamenco rojo

El flamenco rojo, la única especie de flamencos nativa de Norteamérica, se encuentra
en Centroamérica y a lo largo de las islas del Caribe.

Uno de sus comportamientos más reconocibles es su exhibición para el apareamiento.
Miles de individuos abren sus alas y levantan y voltean la cabeza en un movimiento vasto y
sincronizado para atraer a una pareja. Una pareja de flamencos es monógama. Construyen
un nido con forma de volcán, en el que la hembra pone un solo huevo. Cuando el pichón
de flamenco es capaz de caminar y nadar, se une a una "guardería", un grupo de flamencos
jóvenes que puede incluir a tantas como 300,000 aves. Cuando ha crecido completamente,
el adulto promedio mide 1.5 m de alto y pesa entre 2 y 3.5 kg.

El flamenco se alimenta de camarones, crustáceos, moluscos, peces y algas en aguas
costeras poco profundas. Con la cabeza apuntando a la superficie del agua y girada al revés,
usa su pico para levantar un montón de barro y agua. El pico está diseñado para extraer
animales del barro antes de expulsar el agua fangosa. El color rosa del flamenco
es resultado del betacaroteno presente en su dieta.

Los flamencos corren sobre el agua para ganar velocidad antes del despegue.
Cuando vuelan en formación, su velocidad máxima puede alcanzar 56 km/h.
Puede volar distancias de hasta 600 km.

AMERICAN FLAMINGO | FLAMENCO ROJO
Sponsor | Patrocinador: *Sheila and Lee LeBlanc*

Status: Least Concern

Class: Bird

Estatus: Preocupación menor

Clase: Ave

99

Thank you to everyone involved with this unique project!

Thank you to the hospital staff members who repeatedly asked me for children's coloring pages as I was delivering coloring kits for adult COVID patients. Inspired by those requests, I looked for images that would pique children's interests. I fell in love with the first few animal designs and decided to create this book.

Thank you to the people who helped me realize my vision for this book with their generous support by sponsoring animal pages.

Thank you, last but not least, to my creative tribe, who inspired me every step of the way.

I am grateful to each and every one of you for being part of
Endangered Animals of North America!

¡Gracias a todos los involucrados en este proyecto único!

Gracias a todo el personal del hospital, que varias veces me pidió contenido para niños cuando llevaba los paquetes para colorear a adultos pacientes de covid-19. Inspirada por esas peticiones, busqué imágenes que despertaran el interés de los niños. Me enamoré de los primeros diseños de animales y decidí crear este libro.

Gracias a todas las personas que me ayudaron a materializar mi visión para este libro, con su aporte generoso, patrocinando las páginas sobre los animales aquí incluidos.

Por último, pero no menos importante, gracias a mi tribu creativa, la cual me inspiró en cada paso de este camino.

¡Estoy agradecida con cada uno de ustedes por ser parte de
Animales en Peligro de Extincionde America del Norte!

Thank You

Kathy Aparo-Griffin

Frank & Sandy Barker

Aparo Griffin Properties Inc.

Secured Insurance Group LLC

Arvalis GmbH

Colleen Pacheco

Alix Sloan

Ross Young

Passion Project Publishing

Bee Powell

Gugun

Bee Realty Corp

Sue Weaver

Rocco M. Pisani

Maureen Kemp

Nico LeBlanc

Broker/Kemp Realty Group

Linda Roth

Astrid de Parry

The Munizzi Law Firm

Douglas Hudson

Carl Barden

Ann Marie Packard

Mara Roberts

Dolce Vita Retreats

Laura Gómez Murillo

Car-Tunes & Tint

Nancy Benet

Fix-It Accounting Inc.

Keith Allen

Christine Brackenbury

Reptile Discovery Center

Barbara Myers

Total Printing System

Nick Brinkmeyer

Melody Lankford

Sandra Raborn

Maresa Hudson

Linda Willason

Beate Kumar

Chris LeBlanc

Aileen Carolina Nieto

Michael Abraham

Benjamin LeBlanc

Mary Anne Ruedrich

Nancy Hamilton

Richard Weaver

Jennifer Rice

Kids Saving the Rainforest

The Keller Family

Zach Willason

Nicole Neese

N2it Marketing LLC

Alvaro del Castillo

Proyecto Asis

Muchas Gracias

© 2021 Bibi LeBlanc | #CultureToColor

101

HAZ LA DIFERENCIA

"Nunca tengas duda de que un pequeño grupo de ciudadanos reflexivos y comprometidos puede cambiar el mundo; de hecho, es lo único que lo ha hecho".
- Margaret Mead

La conservación requiere del trabajo de todos. Puedes convertirte en parte de la solución tomando acciones. A continuación algunas ideas para comenzar:

◇ Infórmate sobre las especies en peligro de extinción presentes en tu región. Visita un área natural, parque o refugio de protección de vida silvestre. Estas zonas proporcionan hábitat adecuado para muchas especies de vida silvestre, incluyendo: aves, peces y plantas nativas..

◇ Celebra el Día de las Especies en peligro de extinción para crear conciencia. Ese día (tercer viernes del mes de mayo) está dedicado en dar a conocer las especies que se encuentran en peligro de extinción, así como casos de éxito en recuperación de especies.

◇ Colabora de voluntario en un refugio de animales local u otra organización de rescate.

◇ Adopta un animal.

◇ Organiza una recaudación de fondos y dona las ganancias a una organización que trabaje para preservar especies en peligro de extinción.

◇ Evita liberar globos al cielo. Estos pueden terminar en los océanos y ser consumidos por animales marinos que los confunden con alimento.

◇ Participa en un proyecto de ciencia ciudadana para etiquetar, rastrear o identificar animales. La información que se recopila puede ayudar a los científicos a comprender cómo los animales se adaptan al cambio climático, la destrucción del hábitat y otros desafíos.

◇ Si consumes pescado, apóyate en una guía como FishWatch que te ayudará a seleccionar aquellos productos que pueden extraerse del océano sin dañar el ecosistema.

◇ Consume huevo, productos lácteos o carne de granjas que practiquen técnicas de crianza al aire libre.

◇ Evita comprar productos o recuerdos turísticos hechos con piezas de animales amenazados o en peligro de extinción, tales como: dientes, plumas, caparazones de tortuga, conchas marinas, coral y marfil. Asimismo, evita los productos hechos con cuero o pelaje de animales salvajes en peligro de extinción.

◇ Participa en la limpieza de un parque, un arroyo o una playa ... o simplemente comienza por tu vecindario.

◇ Involúcrate en los esfuerzos de conservación gubernamentales y privados, y motiva a familiares y conocidos que se unan también.

"No puedes pasar un solo día sin tener un impacto en el mundo que te rodea. Lo que haces marca la diferencia y tienes que decidir en qué tipo de diferencia quieres dejar marca".
- Jane Goodall

MAKE A DIFFERENCE

"Never doubt that a small group of thoughtful, committed citizens can change the world; indeed, it is the only thing that ever has."
- Margaret Mead

Conservation requires all of us working together. You can become part of the solution by taking action. Here are some ideas to get you started:

◇ Learn about endangered species in your area. Visit a national wildlife refuge or park. These protected lands provide habitat for many native wildlife, birds, fish and plants.

◇ Celebrate Endangered Species Day to raise awareness. It is a day (3rd Friday in May) to learn about species that are still endangered as well as success stories.

◇ Volunteer at your local animal shelter or other rescue organization.

◇ Foster an animal.

◇ Hold a fundraiser and donate the proceeds to an organization that works to preserve endangered species.

◇ Avoid releasing balloons into the sky - they can end up in the oceans and be eaten by marine animals who mistake them for food.

◇ Participate in a citizen science project to tag, track, or identify animals. The information you gather can help scientists learn how the animals adapt to climate change, habitat destruction, and other challenges.

◇ If you eat fish, use a guide such as FishWatch.gov to help you select those that can be removed from the ocean without harming the ecosystem.

◇ Buy eggs, dairy, or meat from farms that practice free-range techniques.

◇ Abstain from buying products or souvenirs made from parts - such as teeth, feathers, tortoise shells, seashells, coral, and ivory - of threatened or endangered animals. In addition, avoid products made of skin or fur of endangered wildlife.

◇ Participate in a clean-up of a park, a creek, or a beach ... or just start with your street.

◇ Participate in government and private conservation efforts and encourage your family and friends to join you.

"You cannot get through a single day without having an impact on the world around you. What you do makes a difference, and you have to decide what kind of difference you want to make."
- Jane Goodall

REFERENCES & RESOURCES

Active Wild: activewild.com

Animal Diversity Web: animaldiversity.org

Animalia: animalia.bio

Children's Eternal Rainforest: acmcr.org/content

Cool Kid Facts: coolkidfacts.com/animals

Endangered Species Coaliton: endangered.org

Endangered Wonders: endangeredwonders.org

Earth 911: earth911.com

Easy Science for Kids: easyscienceforkids.com

Facts.net: facts.net/nature/animals

Kids Animal Facts: kidsanimalsfacts.com

Kids Saving the Rainforest: kidssavingtherainforest.org

International Union for Conservation of Nature Red List: iucnredlist.org/

Just Fun Facts/Animals: justfunfacts.com/category/animals/

Marmot Recovery Foundation: marmots.org

National Geographic: nationalgeographic.com/animals

National Geographic Kids: kids.nationalgeographic.com

National Park Service: nps.gov

National Wildlife Refuge System: fws.gov/refuges

One Kind Planet: onekindplanet.org/animal

Pest World for Kids: pestworldforkids.org

Proyecto Asis - Wild Animal Rescue Center & Sloth Sanctuary: institutoasis.com

Science Kids: sciencekids.co.nz

See Turtles: seeturtles.org

Smithonia's National Zoo & Conservation Biology Institute: nationalzoo.si.edu

Soft Schools: softschools.com/facts/animals

U.S. Fish & Wildlife Service: fws.gov

World Wildlife Fund: worldwildlife.org

Ventana Wildlife Society: ventanaws.org

CULTURE TO COLOR

For more information visit:
www.CultureToColor.com

Follow us on:
Facebook: @CultureToColor
Twitter: @CultureColor
Instagram: @culture_to_color
YouTube: @Culturetocolor
Pinterest: @CultureToColor
Tag us with your colored pages #culturetocolor

Contact:
Bibi LeBlanc
Culture to Color, LLC
cs@culturetocolor.com
USA: 386-228-5147
Germany: 030-22 18 17 63

Titles available in the Culture to Color Series

www.ingramcontent.com/pod-product-compliance
Lightning Source LLC
Chambersburg PA
CBHW042353030426
42336CB00029B/3471